ADOLPHE BITSCH

ETUDE
SUR
LE DIVORCE
EN DROIT ROMAN
ET
LA SÉPARATION DE CORPS
EN DROIT FRANÇAIS

Elibron Classics
www.elibron.com

Elibron Classics series.

ISBN 0-543-97646-7 (paperback)
ISBN 0-543-97645-9 (hardcover)

This Elibron Classics Replica Edition is an unabridged facsimile
of the edition published in 1869 by A. Durand et Pedone Lauriel, Paris.

ÉTUDE

SUR

LE DIVORCE

EN DROIT ROMAIN

ET

LA SÉPARATION DE CORPS

EN DROIT FRANÇAIS

Précédée d'un ESSAI

SUR

LA CONDITION DES FEMMES

Dans les Législations Anciennes

PAR

ADOLPHE BITSCH

DOCTEUR EN DROIT
Avocat à la Cour Impériale de Nancy
Lauréat de la Faculté de Droit
Membre de Sociétés savantes

PARIS

A. DURAND ET PEDONE LAURIEL, ÉDITEURS, 9, RUE CUJAS

1869

A MA FAMILLE

INTRODUCTION

La condition de la femme est si étroitement liée à la constitution de la famille et à celle de la société toute entière, que, pour en étudier l'histoire, il faudrait, embrassant dans leur ensemble les destinées de l'humanité, remonter le cours des siècles; prendre au berceau du genre humain cet être si délicat et si intéressant; le suivre d'âge en âge, de peuple à peuple; assister, à travers les épreuves et les angoisses d'un rude chemin, au spectacle imposant de son élévation patiente et graduelle dans le monde; présenter, en un mot, le développement successif et régulier de la civilisation.

Il est à remarquer, en effet, qu'aucun changement ne s'est produit à l'égard de la femme qui n'ait réagi aussitôt sur la société et, suivant qu'il a été libéral ou despotique, n'ait fait reculer ou avancer cette dernière dans les voies du progrès.

Ainsi, chez les nations qui, de par la loi ou les mœurs, traitent en esclaves les filles, les épouses et les mères, l'homme perd peu à peu la conscience de sa propre dignité et en arrive pour ainsi dire naturellement à aliéner, au profit d'un tyran, les seuls biens qui l'élèvent au-dessus des êtres créés, sa liberté et le sentiment de sa grandeur native. C'est, en général, l'histoire des peuples orientaux, où la femme est regardée comme «la propriété du maître», où elle n'a guère en partage que le ministère de la volupté, où sa vie se passe le plus souvent à se voir désirée, puis oubliée. Il s'en suit que l'homme, après avoir foulé aux pieds les plus saintes prérogatives de la faiblesse et de la pudeur féminine, a bientôt perdu de vue ses droits personnels et s'est laissé facilement asservir à l'orgueil et au caprice d'un despote.

D'un autre côté, dans les pays où la femme a gardé une certaine indépendance, cette liberté d'allures qui lui semble devoir résulter du principe d'égalité entre les deux sexes; où, abusant de son ascendant si rempli d'attraits, elle se montre, non plus la servante, mais la maîtresse de l'homme; celui-ci, soumis à des lois qu'il n'a garde d'éviter parce qu'elles lui paraissent trop douces pour être dangereuses, se trouve insensiblement entraîné dans une licence de mœurs qui amène à sa suite la corruption générale. Et voilà comment, pour n'avoir pas su résister à l'envahissante émancipation de la femme, des peuples anciens et modernes ont inscrit dans leurs Codes les mots de séduction, d'adultère, de divorce, dont la répression légale est le signe certain de la décadence d'un corps social tout entier.

Mais là, où les lois et les mœurs, comprenant le véritable caractère de la femme, lui ont fait près de l'homme la seule place qui lui convienne, la seule qu'elle doive envier; là, où le despotisme dans la famille, comme le despotisme gouvernemental, sont inconnus et où «le maître» n'a d'autres droits que ceux qui reposent sur la protection, la douceur et la tendresse; où, enfin, une sage liberté laisse à chacun l'initiative du bien, du beau et du bon, on voit s'épanouir les plus belles fleurs de vertus privées et publiques et la famille entrer avec la société civile dans un accord merveilleux, qui est le prélude de cette harmonie universelle d'où naissent le bien-être et le perfectionnement de l'humanité.

Comme l'a dit Gœthe, «la femme est semblable au lierre; il faut qu'elle attache sa vie à une autre vie.» Or, ce n'est pas en appartenant à tout le monde, ou en n'appartenant à personne, qu'elle peut accomplir sa destinée. Il lui faut, à elle surtout, un asile où puissent se développer en silence sa pureté de jeune fille, sa chasteté de jeune femme, sa majesté de mère, et c'est l'honneur du christianisme d'avoir assis en cela la famille sur ses véritables bases. En relevant la femme de l'abaissement où le paganisme l'avait précipitée, en lui rendant sa place véritable et sa dignité primitive au foyer domestique, en proclamant l'indissolubilité du mariage, en ennoblissant l'homme lui-même par l'amour d'une épouse, d'une sœur, d'une mère, d'une fille dignes de lui, il fondait les mœurs sociales, «il enchaînait, suivant l'illustre évêque d'Orléans, par cette sainte sévérité la dépravation et l'inconstance humaine; il captivait, au sein de la société en péril, les passions tumultueuses; il voulait protéger, bénir et sanctifier l'humanité tout entière, en établissant, sur la concorde inviolable et sur la sainteté des mariages, la paix et la société de tout le genre humain.»

Aussi, quand arrivèrent les Barbares, se courbant sous la grande loi qui avait survécu au naufrage du monde ancien, ils empruntèrent aux institutions chrétiennes une puissance mystérieuse qui leur permit à leur tour de constituer sur des ruines une société nouvelle, forte de jeunesse et d'espérances, éprise en particulier de respect pour la femme, et dont le Moyen-Age, avec ses sentiments d'honneur chevaleresque, nous a conservé le reflet le plus brillant et transmis les exemples les plus parfaits.

Par là se préparait l'extension des droits de la femme qui, en dépit notamment des principes philosophiques du dix-huitième siècle, cessa désormais d'être considérée ou comme une courtisane, ainsi que le voulait Diderot [1], ou comme un enfant agréable, d'après Montesqieu [2], ou comme un objet de plaisir pour l'homme, suivant Rousseau [3]; qui ne fut plus ni une idole que l'on encense, ni un jouet que l'on brise, mais qui, revêtue du voile modeste de ses vertus cachées, remplit, au sein de la famille, pour delà se continuer dans la société, le rôle secret et bienfaisant que Dieu lui avait assigné à l'origine du monde.

Mais pourquoi, dans les temps modernes, le courant malsain d'un faux progrès a-t-il essayé d'entraîner la femme hors des voies simples et naturelles que sa destinée lui avait tracées? Pourquoi, de nos jours encore, faire entendre à son oreille les mots d'émancipation et de liberté illimitée? Son influence n'est-elle donc pas assez puissante, alors qu'elle règne en souveraine au foyer domestique et que, sans assumer la lourde responsabilité du gouvernement des choses publiques, elle conserve pour elle les prérogatives du conseil et d'une intervention incessante quoique invisible dans les événements de la vie sociale? Ignore-t-on que l'associer davantage aux variations et aux luttes du forum, c'est lui faire perdre petit à petit la grâce, la simplicité, la modestie, la pudeur qui forment la base de sa nature et de son caractère; c'est, quoiqu'on en dise, enlever à son cœur si généreux les joies, les sollicitudes et les tendresses d'épouse et de mère, pour y faire gronder les haines, les agitations passionnées de la citoyenne,

1. *Supplément au voyage de Bougainville.*
2. *Esprit des lois,* XVI, 2.
3. *Émile,* V.

et retirer ainsi à la famille les seuls liens qui en unissent tous les membres, la paix et la concorde? — Et si la famille, perdant de sa stabilité et de son autonomie, se trouve livrée aux jalousies des partis, aux débordements des passions populaires, aux envahissements habiles et pernicieux du pouvoir, que deviendra la société civile elle-même, qui n'a de force et de grandeur qu'autant qu'elle peut se reposer, non sur le sable mouvant des individualités flottantes et passagères, mais sur la pierre inébranlable des vertus constantes et précieuses de l'union domestique?

Puisse le modeste travail que nous allons entreprendre, «en nous élevant,» — et c'est là notre seul mérite — comme le faisait Fontenelle pour les sciences, «sur les épaules de nos devanciers, afin de voir de plus loin,» montrer une fois de plus que ce n'est ni dans le despotisme, ni dans la licence, mais dans le respect et une saine liberté que se trouvent le bonheur en famille et la sûreté de l'Etat!

On verra les conséquences de ces différents systèmes dans notre *Étude préliminaire sur la condition des femmes dans les législations anciennes* et dans notre *Étude sur le divorce*, en droit romain. A défaut de renseignements plus étendus sur l'histoire générale des femmes, et qui se trouvent dans des ouvrages spéciaux, il sera facile néanmoins de saisir et de comprendre les véritables principes qui doivent fixer la situation normale de «la compagne de l'homme» dans le monde, et qui seront indiqués succinctement dans notre dissertation sur l'*Indissolubilité du mariage*.

Nous traiterons, en dernier lieu, de *la Séparation de corps*, en droit français, de «ce poison nécessaire» destiné à remédier autant que possible aux blessures, aux fautes, aux scandales des mariages mal assortis, et qui n'est accepté par la religion catholique, par nos lois et nos mœurs, que pour éviter à la famille, à la société, de plus amers chagrins et de plus grands malheurs....

Et maintenant, est-il besoin d'ajouter qu'en inscrivant au frontispice de cette *Étude* la dédicace « A ma famille » nous voulons, non-seulement donner à celle-ci un témoignage de sincère affection, mais encore lui offrir un tribut de profonde reconnaissance ? Car, si les idées émises par nous correspondent à celles des auteurs les plus autorisés, il n'en est pas moins vrai qu'elles ne sont, en définitive, que l'expression fidèle de souvenirs et de sentiments puisés, dans la vie de famille, à l'école austère et indulgente de parents, dont l'exemple et les conseils resteront à jamais gravés dans notre cœur.

ESSAI PRÉLIMINAIRE

SUR

LA CONDITION DES FEMMES

DANS LES LÉGISLATIONS ANCIENNES

Droit Hindou

La loi de Manou[1] ou Mânava, est le Code des Hindous. Elle ne s'occupe pas seulement de droit privé, public et pénal, mais encore de morale, de théologie et de tout ce qui a été reçu par ce peuple comme révélation divine, en sorte qu'elle a pour but de régler la vie religieuse de l'homme autant que sa conduite civile. C'est dire que dans l'Inde, comme dans toutes les sociétés primitives orientales, le législateur s'est inspiré de principes surhumains qui l'ont porté à reconnaître, au-dessus de lui, l'autorité d'un être souverain, et lui ont fait prendre pour guide, dans la confection de son œuvre, les livres saints où la divinité a pour ainsi dire dicté ses préceptes.

Le droit hindou est donc un droit religieux qui ne se contente pas de régler les rapports des citoyens entre eux

1. Manou, chez les Hindous, est le nom du père commun du genre humain.

et avec l'Etat, mais qui pénètre jusqu'au foyer domestique, dans le sanctuaire de la famille, pour y déterminer les droits et les devoirs de chacun de ses membres, pour assigner au mari et à la femme, au fils et à la fille le rang qu'ils doivent y occuper.

En ce qui concerne la condition des femmes, nous trouvons dans le *Mânava-Dharma-Sâstra* «qu'une petite fille, une jeune femme, une femme avancée en âge, ne doivent jamais rien faire suivant leur propre volonté, même dans leur maison[1].» Ainsi, pendant son enfance, la femme doit dépendre de son père; pendant sa jeunesse, de son mari; après la mort de son mari, de ses fils; si elle n'a pas de fils, des proches parents de son mari, ou, à leur défaut, de ceux de son père; enfin, si elle n'a pas de parents paternels, du souverain. C'est, pour la femme hindoue, une tutelle perpétuelle qui la prend au berceau et ne finit qu'à la mort; qui, au lieu de se relâcher de sa rigueur, quand la fille, devenue grande, est unie à un époux, est, au contraire, plus étroite et plus absolue : car le pouvoir du mari est plus étendu encore que celui des autres protecteurs de la femme. Elle se résume dans cette phrase de la loi : «La femme doit révérer son mari comme un *dieu*, même s'il est infidèle.» Et le meilleur moyen de rendre la femme sincèrement affectueuse pour celui-ci, c'est de lui faire un devoir de ne pas lui survivre. Par là, l'épouse intéressée à la conservation de son époux, ne manquera pas de lui donner tous ses soins et de veiller sur des jours qui lui sont chers. Autrement, dit la loi : «la fougue indomptable du tempérament, l'inconstance du caractère, l'absence de toute affection permanente et la perversité na-

1. Loi de Manou, V. 146 et suiv.

turelle qui distinguent les femmes, ne manqueraient jamais, malgré toutes les précautions imaginables, de les détacher en peu de temps de leurs maris.» Une épouse, comme un fils et un esclave, est déclarée par la loi ne rien posséder par elle-même; tout ce qu'elle peut acquérir, est la propriété de celui dont elle dépend [1].

Comme on le voit, le législateur hindou méconnaît en principe l'influence de la femme et restreint toujours sa liberté d'action. A quoi faut-il attribuer cet état d'infériorité, ce honteux abaissement qui semble si injuste, si indigne de la compagne de l'homme? Nous en trouvons l'explication dans les croyances religieuses des Hindous.[2]

Les générations les plus anciennes de la race indo-européenne n'ont jamais pensé que la vie spirituelle de l'homme fût limitée à sa courte existence sur la terre et qu'à la mort tout fût fini pour lui. Elles ont cru à l'immortalité de l'âme.

Pour elles, l'âme ne se rend pas immédiatement au séjour de bonheur; elle reste tout près des hommes et continue à vivre sous la terre, implorant, pour son salut, les prières et les sacrifices des vivants. Tant que les descendants du défunt n'ont pas encore célébré pour lui le *Sraddha*, c'est-à-dire le sacrifice funèbre, son âme triste et désolée s'en va, errante, autour de leur demeure.

Or, ce sacrifice de piété et de gratitude filiale, les femmes ne pouvaient l'accomplir. «Que le maître de maison fasse le sraddha avec du riz, du lait, des racines, des fruits afin d'attirer sur lui la bienveillance des mânes [3].» Il y allait donc de la sécurité et du bonheur des vivants eux-mêmes de rendre aux aïeux les devoirs funèbres, et, comme ces devoirs si importants ne pouvaient être remplis que par les

1. Loi de Manou, VIII, 416.
2. V. Fustel de Coulanges, *Cité antique*.
3. Loi de Manou, I, 95; III, 82, 122, 137, 146, 189, 274.

enfants mâles, on s'habitua à jeter sur les filles une sorte de réprobation. Aussi la naissance d'un fils est-elle pour l'Hindou une grande joie, puisque, grâce à lui, la dette envers les morts se trouvera acquittée. A la naissance d'une fille, au contraire, tout est morne et silencieux ; et si une femme ne met au monde que des filles, son mari pourra la répudier la onzième année [1]. Le fils se nommera *Sauveur de l'enfer*, *Enfant du devoir* ; la fille, *Porte de l'enfer* [2].

De la nécessité pour l'Hindou d'avoir un fils appelé à sacrifier plus tard aux mânes des ancêtres, il résultait que, si le mariage était stérile par la faute du mari, celui-ci pouvait se procurer un fils en livrant momentanément sa femme à un frère ou à un de ses parents ; et, « en mettant au monde un enfant mâle, cette femme procurait le ciel à son mari et aux ancêtres de son mari [3]. »

Si la femme était stérile, le mari avait la ressource de la polygamie et il pouvait charger une autre femme de lui donner un fils. Il pouvait même, s'il n'avait que des filles, en marier une dans le but de lui procurer un enfant mâle. Celui-ci devait « délivrer son grand'père dans l'autre monde, aussi bien que le fils d'un fils [4]. »

Il résulte de ce qui précède que la femme hindoue est un être abaissé devant l'autocratie du chef de famille, un être inférieur que la loi elle-même méprise, puisqu'elle range le meurtre d'une femme parmi les crimes secondaires et le punit comme un vol de bétail, — mais un être qui va se relever et se voir d'autant plus honoré qu'il aura été plus avili, du jour où l'homme et la loi le regarderont, non plus comme une femme, mais comme une mère.

1. Loi de Manou, II, 33 ; IX, 81.
2. Loi de Manou, IX, 137, 138.
3. Loi de Manou, IX, 28, 58, 63.
4. Loi de Manou, IX, 127, 132, 136, 139.

C'est à cause de ce rôle unique et religieux de la femme près de l'homme, à cause de cette maternité destinée à perpetuer l'espèce humaine et qui, même aux yeux des nations les moins civilisées, inspire toujours la tendresse et commande le respect, que nous voyons le législateur des Hindous, après avoir, en certains endroits, presque annihilé l'influence de la femme, élever ailleurs son caractère et la diviniser en quelque sorte. «Partout où les femmes sont honorées, dit-il, les dieux sont satisfaits; mais, lorsqu'on ne les honore pas, tous les actes pieux sont inutiles.» Et encore : «Les maisons maudites par les femmes auxquelles on n'a pas rendu les hommages qui leur sont dus, se détruisent, comme si elles étaient anéanties par un sacrifice magique.»

Ainsi, d'un côté, honte et dédain pour la femme; de l'autre, honneur et respect pour celle qui est appelée à mettre au monde et élever l'homme. En devenant épouse et mère, elle a droit à toutes les faveurs; et, désormais, la loi, au lieu de la faire ramper comme une esclave aux pieds du maître, reconnaît en elle une certaine supériorité d'aptitudes et de sentiments devant lesquelles elle sait s'incliner avec admiration. «Les femmes qui s'unissent à leurs époux pour devenir mères, et qui font l'honneur de leur maison, sont véritablement les déesses de la fortune [1].»

Voilà ce qui, aux temps où les familles patriarcales n'avaient pas encore été absorbées par l'Etat, arrêtait l'absolutisme du mari, dont la puissance alors ne relevait que d'elle-même et de la divinité.

Mais du jour où ce pouvoir, perdant peu à peu de sa force et de son prestige, passe aux mains d'un roi, d'un despote, la

1. Loi de Manou, II, 138, 139.

condition de la femme s'améliore. Elle n'est plus, comme autrefois, si strictement soumise à la volonté et aux caprices du père de famille ; désormais la loi la prendra sous sa sauvegarde, non point dans l'intérêt exclusif de sa faiblesse, mais dans l'intérêt de la grandeur et de la prospérité de l'Etat. Son mari lui demandait des fils, l'Etat réclame d'elle des citoyens ; de là, le respect dont le législateur l'entoure désormais et l'ordre qu'il impose au mari « de bien traiter sa femme [1]. » Elle n'est plus, comme aux premiers âges, une chose qui se vend et s'achète. Le mari pourra encore la répudier, mais dans des cas très-limités et pour des causes déterminées. La polygamie, quoique permise, tombera de jour en jour, puisque les croyances religieuses qui l'avaient fait naître et commandée tendent à s'obscurcir dans l'esprit de l'Hindou et à céder à des préoccupations sociales d'une toute autre nature. Au lieu de voir le chef de famille marié à sept ou huit femmes de divers degrés, dont la première et la préférée est celle qui met au monde un fils, on ne lui en comptera plus habituellement qu'une ou deux placées au même rang et dans la même condition. A la mort de l'époux, sa femme pourra lui survivre, et les héritiers succéderont à l'obligation de protéger et d'entretenir la veuve [2]. La femme, sans doute, restera incapable civilement et son témoignage ne sera accepté en justice que s'il s'agit de personnes de son sexe [3] ; mais, d'un autre côté, elle aura une sorte de petit patrimoine composé de ce qu'elle recevra en se mariant [4].

Telle est la situation faite à la femme hindoue par les

1. Loi de Manou, III, 56.
2. Loi de Manou, VIII, 28.
3. Loi de Manou, VIII, 77.
4. Loi de Manou, VIII, 28, 29 ; IX, 194.

lois de Manou. Mais, il faut le dire, elle n'a pas retiré tout le bénéfice que lui promettaient ces droits et ces garanties, parce que l'usage et les mœurs, plus impérieux que la loi, ont constamment tenu la femme dans un état d'infériorité qui rappelle le despotisme du père de famille ; sa condition, au lieu de s'améliorer à l'aide d'institutions empreintes de sagesse et d'équité, est demeurée, malgré les lois de Manou et à cause de l'absolutisme gouvernemental qui est la négation de l'individu et de la liberté, ce qu'elle était à l'époque patriarcale, c'est-à-dire que, chez les Hindous, la femme est restée un être abaissé, ne pouvant obtenir que du bon plaisir de son mari, son maître, une part d'autorité domestique, respectée seulement à cause de sa maternité et considérée, d'ailleurs, comme un objet digne de mépris.

Chine

La législation chinoise, la plus ancienne du monde avec celle des Hindous, nous est à peine connue, et ce que nous en savons nous a été révélé par les missionnaires occupés depuis longtemps à la conversion au christianisme de ces nations orientales.

D'après les récits qui nous sont parvenus, l'infériorité de la femme est si bien gravée dans l'esprit des Chinois, qu'elle est non-seulement proclamée par les hommes, mais encore acceptée par les femmes, et il est remarquable que l'ouvrage chinois qui nous donne de cet état la notion la plus exacte a été composé par une femme elle-même[1]. Nous y lisons ce qui suit : «Les femmes tiennent le dernier rang de l'espèce humaine; elles sont la partie la plus faible du genre humain; les fonctions les moins relevées sont leur partage.» Leur abaissement est regardé comme étant de droit naturel, et les Chinois font tout ce qu'ils peuvent pour les y maintenir. Ainsi, l'ignorance et l'isolement, tel est le partage de la femme chinoise qui, renfermée chez elle, ne voit guère que la famille de son mari et pour qui la petitesse des pieds n'est, dit-on, qu'une invention des hommes destinée à l'empêcher de sortir[2]. L'obéissance est, pour elle, un devoir exigé dans toutes les situations de sa vie. Le père ne donne sa fille en mariage que quand il a reçu une somme qui varie suivant la fortune de l'époux; une très-faible partie de cette somme est remise à la femme pour qu'elle s'achète des vêtements, et le reste appartient au père. L'épouse entre dans la famille de son mari et perd la sienne. Elle n'a plus rien en propre; ce qu'elle porte, ce qu'elle est, sa personne elle-même, tout appartient à son époux. «La femme doit être dans la maison comme une ombre et un simple écho[3].» Si le Chinois ne peut avoir qu'une femme, le concubinage, en revanche, lui est permis, et la concubine est chargée de donner des enfants au père de famille qui, par là, paie sa dette à l'Etat. Enfin, le despotisme, le luxe, la corruption de toute nature sont pour la Chine de tels éléments de décadence intellectuelle et morale que, de nos jours, paraît-il, on ne peut faire comprendre aux Chinois que la femme a, comme l'homme, une

1. *Mémoires des Missionnaires de Pe-King*, t. III, p. 268 et suiv.
2. Savagner, *Histoire de la Chine*. t. II, p. 407.
3. Huc, *l'Empire chinois*, t. I, ch. VI.

âme immortelle! Ainsi, malgré le progrès que subit, qu'elle le veuille ou non, la nature humaine, malgré l'influence des nations occidentales et de leurs institutions libérales, la condition de la femme, en Chine, est restée presque dans le même état d'infériorité et de dégradation qu'à l'origine des sociétés.

Perse

On ne voit pas, dans les lois ou les usages de la Perse, un achat direct ou indirect de la femme par le mari. L'épouse en est-elle mieux respectée? Nullement; car là, comme dans l'Inde et en Chine, elle ne semble destinée qu'à la reproduction de l'espèce humaine [1]. Cette croyance jointe à la religion du pays qui permet de posséder toutes les femmes, pourvu qu'elles ne soient pas unies à un autre, fait que les femmes sont plus étroitement gardées en Perse qu'ailleurs. Il en résulte que le respect et la soumission absolus sont inhérents à la condition des femmes. Zoroastre, qui a donné à la Perse ses lois, s'exprime ainsi : « La femme doit respecter son mari comme un dieu... Qu'après s'être levée du lit, elle se prosterne devant lui pour en recevoir ses ordres [2]. La femme non mariée doit rendre les mêmes devoirs à son père, ou à son frère, ou à celui dont elle

1. Chardin, *Voyage en Perse*, t. III, p. 391.
2. *Livres de Zoroastre*, traduits par Anquetil du Perron, t. III, p. 561.

dépend.» A l'origine, la femme ne recevait pas de dot; ses parents lui donnaient seulement quelques hardes et quelques bijoux, selon leur position. Mais le mari apporta toujours un douaire considérable, généralement deux mille dînars, dont il était constitué gardien par sa femme qui lui remettait la possession de ce qu'elle avait en propre. En cas de divorce, elle avait le droit de réclamer son douaire [1].

Cette législation sur le douaire se maintint constamment ; il n'en fut pas de même pour la dot. On finit par admettre qu'elle serait apportée par la femme à son mari [2].

L'incapacité de la femme était donc aussi grande en Perse que dans l'extrême Orient, bien que sa position fût meilleure, en ce sens que le mari ne l'achetant pas de ses parents, elle n'avait pas à craindre les tristes conséquences de leur cupidité.

Loi musulmane

Le Coran renferme d'excellents préceptes sur la pratique des vertus, surtout de l'humilité, de la charité, de la reconnaissance et du pardon des injures. Mais, d'un autre côté, la loi musulmane a puisé dans les monuments de la Perse et de l'Inde des dispositions qui semblent être en désaccord avec les règles précédentes, notamment en ce qui concerne la condition civile des femmes.

1. Chardin, t. III, p. 409.
2. Zoroastre, par M. de Pastoret, p. 60.

Selon Mahomet, un homme vaut deux femmes, comme une femme vaut deux esclaves. Le Prophète a oublié, de même que les autres législateurs dont nous avons déjà parlé, que la femme est née pour être la compagne légale de l'homme, et voilà pourquoi la musulmane se rapproche de l'esclave par sa condition, par la contrainte et les travaux qui lui sont imposés. « Les hommes sont supérieurs aux femmes, à cause des qualités par lesquelles Dieu a élevé ceux-là au-dessus de celles-ci[1]. »

Le désir d'épouser une femme suffit pour autoriser le mariage et le consentement des parents n'est même pas nécessaire [2]. Des peines sévères sont prononcées contre la femme coupable de fornication et d'adultère; mais aussi l'honneur des épouses est protégé par des précautions justement défiantes. Mahomet condamne à quatre-vingts coups de fouet ceux qui accusent les femmes sans produire de témoignages. Le mari seul peut, sans cette formalité, accuser sa femme, pourvu qu'il jure quatre fois et qu'il joigne l'imprécation au serment à la cinquième fois. Ces formes solennelles ne sont prescrites que dans les circonstances graves, quand l'honneur de l'épouse, la légitimité des enfants, tous les droits les plus importants, en un mot, sont sérieusement compromis.

Le mariage, dans le Coran, est un acte purement civil, que les parties peuvent rompre à leur gré. Ce ne sont pas les père et mère qui dotent leur fille, c'est le mari [3]. La quotité de la dot n'est pas fixée; il suffit qu'elle réponde aux facultés du mari; s'il est pauvre, la femme peut le dispenser d'en fournir [4]. Quand le mari a livré la dot, le

1. Coran, ch. IV, v. 3.
2. Coran, ch. II, v. 235.
3. Coran, ch. IV, v. 3.
4. Coran, ch. II, v. 222 et 228.

kadi délivre aux parties la copie de leur contrat de mariage. L'administration de la dot appartient à la femme, si le mari veut bien la lui laisser, et il a, pour cela, la latitude la plus grande ; car le Coran lui ordonne de s'assurer de l'intelligence de sa femme avant de lui confier l'administration des biens [1]. La jeune fille riche apporte en mariage ses vêtements et ses parures et, pour s'attirer l'estime et l'affection des habitants de la cité, elle distribue des présents et donne la liberté à quelques esclaves. Le jour des noces, la fille monte à cheval, elle est couverte d'un grand voile ; on la promène dans les rues et sur les places publiques ; on déploie l'appareil le plus pompeux ; elle est conduite en triomphe chez son époux, par le chemin le plus long. Alors le mari et la femme, qui ne se sont jamais vus, se serrent la main et se prodiguent les témoignages de l'affection la plus complète. Telle est la singulière cérémonie du mariage chez les Turcs.

Le musulman peut avoir plusieurs femmes, et les enfants qu'il a d'elles, quelles qu'elles soient, lui succèdent également ; il n'y a entre eux aucun privilége de légitimité ou d'aînesse. Il faut cependant que le père de famille l'ait ainsi ordonné par son testament, sinon les enfants des femmes esclaves seraient soumis au frère aîné, enfant issu d'une épouse légitime.

Ainsi Mahomet, qui regarde la femme comme inférieure à l'homme, lui permet néanmoins d'administrer ses biens avec l'autorisation de son mari. Une disposition plus large encore est celle qui donne à l'épouse un droit sur une partie de la succession de son mari [2]. Mais celui-ci succède à la moitié des biens de sa femme, si elle ne laisse pas d'en-

1. Coran, ch. IV, v. 5.
2. Coran, ch. II, v. 241 ; ch. IV, v. 8.

fant, et, dans le cas contraire, au quart de ces mêmes biens [1].

On le voit, chez les musulmans, comme «dans tous les Etats despotiques, la femme est surtout un objet de luxe [2], » estimée seulement à cause de son utilité, et à qui l'on refuse toute personnalité; qui n'a point de famille, car elle est la chose du maître, confondue avec les enfants, sous la même autorité, esclave comme la plupart d'entre eux.

Législation juive

La croyance à un Dieu ayant créé l'homme à son image, la foi en Jéhovah, seul monarque souverain que reconnût Israël, devaient inspirer au législateur juif des règles empreintes de la plus pure morale et destinées à faire dominer dans les mœurs et les usages des principes certains d'ordre et de sécurité des familles.

Sans doute, il y a encore, dans la société juive, une différence énorme entre la condition des femmes et celle des hommes, différence trop souvent à l'avantage de ces derniers. Mais le législateur d'Israël a accompli, relativement à la femme, une véritable réforme. Le premier, il a compris quelle est sa vraie place dans la famille, et, cette place, il la lui a faite aussi grande, aussi noble, aussi influente que le demandaient alors le temps et les usages. Discipliner les sentiments, comprimer les passions brutales, adoucir l'esclavage, c'était une tâche difficile : la loi hébraïque y parvint, et grâce à sa sévérité, quelquefois à sa rigueur, la famille juive se maintint, au milieu des vicissi-

1. Coran, ch. IV, v. 13.
2. Montesquieu, *Esprit des lois*, liv. VII, ch. IX.

tudes les plus diverses, dans son état de pureté primitive. Pour maintenir en Israël la source d'austères croyances et des vertus domestiques, la loi devait édicter des règles minutieuses, et, tout en luttant contre le despotisme individuel, en promettant à la femme de faire respecter son honneur, la prudence lui commandait néanmoins de prendre contre sa légèreté d'extrêmes précautions. C'est ce qui nous explique certaines dispositions légales qui peuvent au premier abord exciter notre étonnement.

Soumise, sans être dégradée, la femme juive marche souvent sur le même rang que son mari : devant le Dieu d'Israël, dans les fêtes célébrées en son honneur, la femme libre ou esclave, épouse et mère aussi bien que servante, se retrouve à côté du patriarche; et c'est ainsi que le chef de famille, tout en restant le maître absolu, jouit d'une autorité adoucie par des procédés de tendresse et de respect, sous l'influence d'une loi religieuse, dont le premier mot est un mot d'amour et de reconnaissance envers le Créateur [1].

Le père a sur son fils et sur sa fille des droits extraordinaires ; il dispose d'eux, pour ainsi dire, à son gré, sans qu'aucun pouvoir rival vienne lui disputer le principe de son autorité qui lui vient de l'Eternel [2]. Mais, s'il ne doit compte qu'à lui-même de l'usage de ce pouvoir absolu, la nature et l'affection préviennent toujours chez lui les abus et les injustices.

La fille est fiancée par son père et mariée par lui. A la mort de celui-ci, la succession appartient d'abord et exclusivement aux fils, à la charge par eux de nourrir les filles [3].

1. Deutéron, VI, 5.
2. Deutéron, XXIX, 10, 12.
3. Nombres, XXVII, XXXVI.

Mais, à défaut de fils, la fille vient en première ligne ; elle est préférée aux frères, aux oncles et aux autres parents du défunt, et ce qui est à remarquer chez les Juifs, c'est le respect et les soins dont la sœur est l'objet de la part de ses frères. Que la corruption s'écarte de la jeune fille ! Quiconque la séduit et parvient à la corrompre, doit lui donner de quoi se marier et l'épouser lui-même. Si le père, dans ce cas, refuse la main de sa fille au coupable, il est en droit d'exiger de lui une dot convenable, comme pour réparer l'outrage qu'il a reçu.

Pour les Juifs, le célibat est une honte ; n'avoir pas d'enfants est un châtiment, et, dans les malédictions que Dieu prononce contre les violateurs de ses lois, se trouvent toujours l'adultère et la stérilité de l'épouse.

Une fois mariée, la femme ne cesse d'être dans une dépendance à peu près complète ; cependant c'est pour elle une soumission honorable, car après le précepte : *Eris sub potestate viri*, se trouve cet autre qui consacre une sorte d'égalité entre le mari et la femme : *Et erunt duo in carne una* [1]. Cette soumission est d'ailleurs garantie par les peines les plus sévères. L'adultère de l'épouse est puni avec la dernière rigueur : « Si quelqu'un, est-il dit dans la loi, abuse de la femme d'un autre et commet un adultère, que l'homme et la femme meurent tous deux. » Ainsi, chez les Hébreux, la pudeur et la vertu des femmes, si dépendantes pourtant, rencontrent comme garants et pour appui l'opprobre infligé aux corrupteurs et à leurs victimes, la réparation pécuniaire exigée des premiers, enfin la responsabilité à laquelle ils sont soumis.

La polygamie est autorisée par la loi hébraïque. Le de-

1. Genèse, II, 24.

devoir de multiplier la race et de répandre dans l'univers entier le nom et les promesses de l'Éternel explique la pluralité des femmes chez les Juifs ; en sorte qu'elle est entrée dans leurs mœurs, non pour satisfaire les passions, mais, en quelque sorte, dans un but moral et pieux qui se conçoit quand on se reporte aux idées et aux besoins des sociétés naissantes. Propager la race, c'est donc pour les Hébreux se conformer à la volonté divine ; dès lors, il était naturel que la loi, dans le but de rendre les unions fécondes, autorisât non-seulement la polygamie, mais encore la répudiation et le divorce.

Sans parler du temps où Abraham renvoyait au désert Agar et son fils Ismaël, la loi de Moïse permettait au mari de répudier sa femme lorsqu'il avait trouvé en elle quelque souillure, *propter aliquam fœditatem* [1]. Mais si le mari portait contre sa femme une plainte calomnieuse, le tribunal des vieillards se chargeait de le punir. «Si un homme, dit la loi, conçoit du dégoût pour son épouse, il fera un écrit de divorce, et l'ayant mis entre les mains de cette femme, il la renverra de sa maison. Si l'épouse, sortie de la demeure de son premier époux, en épouse un second et que celui-ci conçoive aussi de l'aversion pour elle, ou même qu'il vienne à mourir, le premier mari ne pourra plus la reprendre et renouer une union irrévocablement brisée [2].» En retirant aux époux même l'espoir d'une réconciliation possible, la loi, qui permettait le divorce, ne voulait pas le favoriser. Quant aux femmes, elles n'avaient pas d'abord le droit de répudier leurs maris, mais elles l'usurpèrent dans la suite [3].

1. Deutéron, ch. XXI.
2. Deutéron, ch. XXIV.
3. Josèphe, 15, II.

Une des lois les plus singulières de la nation hébraïque c'est celle qui obligeait le frère à épouser la veuve de son frère. Cette institution s'appelle *lévirat*. «Lorsque deux frères demeurent ensemble et que l'un d'eux sera mort sans enfants, la femme du mort n'en épousera pas d'autre que le frère de son mari, qui la prendra pour femme. Celui-ci donnera le nom de son frère défunt à l'aîné des fils qu'il aura d'elle, afin que le nom de son frère ne se perde pas dans Israël [1].» Et si le frère manque à son devoir et refuse d'épouser la veuve, il devra être deshonoré à la face du peuple. «La femme ira à la porte de la ville et s'adressera aux Anciens qui feront appeler le frère et l'interrogeront. S'il répond : je ne veux pas épouser cette femme, la veuve s'approchera de lui, lui ôtera son soulier du pied et lui crachera au visage en disant : c'est ainsi que sera traité celui qui ne veut pas affermir la maison de son frère et sa maison sera appelée dans Israël *la maison du déchaussé*.» Le lévirat remédiait donc, comme la polygamie et le divorce, à la stérilité des unions; et, bien qu'organisé dans l'intérêt de la famille et dans un but religieux et politique, il tourna, en définitive, au profit de la femme.

En résumé, la femme juive, malgré l'infériorité à laquelle la loi de succession la réduisait dans la famille de son père, malgré son état de domesticité vis-à-vis de son mari, n'était pas mise hors le droit ; les intérêts de sa personne et ceux de sa fortune n'étaient pas entièrement sacrifiés. A l'égard de ses enfants, elle avait droit, comme le chef de famille, à leur respect. «Honore ton père et ta mère, afin que tu vives heureux et longtemps sur cette terre.» Ne croirait-on pas lire un précepte de cette légis-

1. Deutéron, XXV, 6.

lation plus humaine et plus doucement morale que le christianisme enfanta plus tard ?

Et ce n'est pas seulement la femme libre que protége la loi ; sa sollicitude s'étend même à la femme esclave : « Si tu prends pour femme une captive étrangère, tu la mèneras d'abord en ta maison, et là elle gardera le deuil et pleurera durant un mois son père et sa mère, puis tu viendras vers elle et tu seras son mari et elle sera ta femme. » Par là, le législateur a voulu honorer en l'esclave le sentiment si naturel qui fait regretter la patrie absente. Il y a quelque chose de plus, il la met en garde contre les revers de fortune auxquels peut l'exposer le caprice de son maître : « S'il arrive qu'elle ne te plaise plus, tu la renverras à sa volonté, mais tu ne pourras la vendre pour de l'argent, parce que tu l'auras eue pour femme [1]. » Et voilà comment celle-ci peut quitter libre, quoique répudiée, une maison où naguère elle était entrée en servitude.

Ajoutons que, de nos jours, les Juifs ont généralement conservé, malgré l'influence européenne, le dépôt fidèle des traditions et des usages primitifs, et qu'à eux surtout revient l'honneur d'avoir, par leur législation spiritualiste et libérale, préparéla civilisation moderne.

La femme en Grèce

Si nous entrons dans une maison grecque des premiers âges, nous y trouvons un autel ; c'est autour de cet autel que la famille se réunit chaque matin et chaque soir pour adresser au foyer ses prières. Tout près de la maison, dans

1. Deutéron, XXI, 11-14.

un champ voisin, il y a un tombeau où reposent plusieurs générations d'ancêtres [1] qui, réunis dans une seconde existence, continuent à constituer une famille. A certains jours, les vivants se rendent auprès des morts, leur portent le repas funèbre, déposent sur la tombe des gâteaux et des fruits, y versent le lait et le vin, ou brûlent les chairs d'une victime.

C'est cette religion du foyer et des ancêtres qui unit les membres de la famille grecque, plus encore que l'affection naturelle [2]. Aussi nous ne devons pas être surpris de voir la femme n'y être comptée qu'autant que la cérémonie sacrée du mariage l'aura initiée aux mystères de la religion domestique.

La fille, dans la maison de son père, a part au culte ; elle assiste aux actes religieux du chef de famille. «Mariée, dit Étienne de Bysance, elle n'a plus rien de commun avec la religion domestique de ses pères ; elle sacrifie au foyer du mari.»

Dans cette admission de la femme aux cérémonies du culte de famille se révèle un progrès dans sa condition. Ce ne sera plus une esclave, ce sera une prêtresse, partageant avec son mari l'honneur du foyer domestique, du jour où son père ayant déclaré qu'il donnait sa fille en mariage, l'aura détachée du foyer paternel pour l'engager dans les liens d'une religion nouvelle. Voici comment se faisait cette initiation.

La jeune fille quittant la maison de son père est placée sur un char, le visage couvert d'un voile et la tête ceinte

1. Hérodote, II, 136.

2. Dans l'ancienne langue grecque, pour désigner la famille, on dit *épistion*, mot qui signifie *ce qui est près d'un foyer*, Hérodote, V, 72. 73.

d'une couronne. On la précède avec des flambeaux, on chante l'hymne appelée *hyménée*. A son arrivée devant la maison de son mari, celui-ci la prend dans ses bras et lui fait ainsi franchir la porte, puis il la conduit devant la divinité domestique. La jeune femme est alors arrosée d'eau lustrale ; elle touche le feu sacré ; enfin, les deux époux se partagent un gâteau ou un pain [1].

Telle était la cérémonie solennelle des noces. Elle produisait de si graves effets qu'il n'est pas étonnant que les Grecs ne l'aient crue permise qu'une fois et pour une seule femme dans chaque maison. Aussi admettaient-ils la monogamie, dont l'institution pourrait bien, d'après Hérodote, être attribuée aux Egyptiens [2].

Le culte des morts qui était, en Grèce, comme dans l'Inde et à Rome, la religion principale de la famille, demandait, pour ne subir aucune interruption, à ce que la postérité ne s'éteignît pas. C'est pourquoi nous voyons à Athènes les lois charger le premier magistrat de la ville de veiller à ce qu'aucune maison ne soit sans héritiers [3]. Chacun avait donc un grand intérêt à laisser un fils, persuadé qu'il y allait de son immortalité bienheureuse. Aussi le célibat était à la fois une impiété et un malheur ; c'était pour l'homme qui ne se mariait pas et pour ses ancêtres une espèce de malédiction. A Sparte, la loi de Lycurgue le privait de tous les droits de citoyen, et il paraît que, dans beaucoup de villes grecques [4], le célibat était puni comme un délit.

De l'importance qu'il y avait pour les Grecs à avoir une

1. Denys d'Halic. II, 25.
2. Hérod. II, 92.
3. Isée, VII, 30-32.
4. Plutarque, *Lycurgue*.

postérité, il résultait que, si la femme était stérile, le mariage pouvait être rompu [1]. Lorsque les mœurs se furent relâchées, les femmes purent également divorcer [2]. Les lois de Minos permettaient le divorce aux Crétois [3], et Solon accorda ce même droit aux Athéniens de l'un et l'autre sexe. C'était même une obligation pour le mari de renvoyer sa femme coupable d'adultère [4]. C'est ainsi que les lois de Solon devançaient de deux siècles les conseils que la philosophie de Platon vint, dans la suite, donner aux Grecs en matière de divorce et dont voici le résumé : « Si le mari et la femme ne s'accordent point ensemble, dix gardiens des lois et autant de femmes choisies entre celles qui ont l'inspection des mariages, seront chargés d'accommoder ces différends par leur intervention bienveillante. S'ils viennent à bout de les réconcilier, ce qu'ils auront réglé tiendra. Mais, si les esprits sont trop aigris, ils penseront sérieusement à unir chacun des conjoints avec une *autre* personne. Et comme il y a apparence que ces querelles viennent d'un caractère peu endurant de part et d'autre, ils chercheront à les assortir avec des mœurs plus paisibles et plus douces [5]. »

Quand le mari était impuissant, les lois d'Athènes et de Sparte, comme celles des Hindous et des Juifs, permettaient à son frère ou à un de ses parents de se substituer à lui, et la femme devait se livrer à cet homme; l'enfant qui en naissait était considéré comme fils du mari et tenu de continuer son culte [6].

Le fils seul pouvait sacrifier aux mânes des ancêtres;

1. Hérodote, V, 39; VI, 61.
2. Plutarque, *Lycurgue*.
3. Jean Potter, *Archéol. grecque*, IV, ch. 12.
4. Démosthènes, *Disc. contre Néra*. — Plutarque, *Solon*.
5. Platon *Lois*, XI, trad. Grou, p. 448.
6. Xénophon, *Gouv. de Lacéd.* — Plutarque, *Solon*, 20.

aussi, dans Eschyle, est-il appelé *Sauveur* du foyer paternel [1], et comme l'héritage suivait le culte, il était naturel que les filles fussent exclues des successions [2]. Mais on trouva de bonne heure un détour pour concilier la prescription religieuse qui leur défendait d'hériter, avec le sentiment plus juste qui voulait qu'elles pussent jouir de la fortune de leur père. Ainsi, à Athènes, si le père défunt laissait un fils et une fille, le frère, seul héritier, devait épouser sa sœur, à moins qu'il ne préférât la doter [3]. Quand le défunt ne laissait qu'une fille, l'héritier, son plus proche parent, devait la prendre pour femme. Si elle était déjà mariée, elle devait divorcer pour épouser l'héritier de son frère [4]. Les lois, il faut l'avouer, méconnaissaient ici les inclinations de la nature, pour vouloir se conformer trop strictement aux croyances religieuses. Cependant tout le bénéfice en revenait à la femme qui, par là, n'était jamais laissée sans protecteur. Son mari pouvait même, avant de mourir, lui désigner un tuteur, lui choisir un second époux [5].

Cette idée de protection à l'égard de la femme et le respect dont elle était entourée, comme gardienne du foyer domestique, expliquent son état dans la société grecque où, à la différence des peuples orientaux, les premières règles de la morale de la famille sont trouvées et sanctionnées. Le mariage n'est pas l'œuvre d'un caprice; l'homme et la femme sont unis par des liens sérieux et durables : de là, le caractère sacré de l'union conjugale, chez les Grecs, et la pureté de leurs familles primitives. Les époux

1. Eschyle, *Choéph.*, 264.
2. Démosth., *in Beotium*. — Isée, X, 4. — Lysias, *in Mantith*, 10.
3. Isée, X. 4.
4. Isée, III, 64; X, 5.
5. Démosth., *in Aphobum*.

doivent se respecter l'un l'autre; la femme commence à avoir des droits, car elle a sa place dans la maison de son mari; c'est un grand malheur, pour un Grec, d'avoir un foyer privé d'épouse [1].

Malheureusement, cette morale se modifia avec le temps, alors qu'au culte des mânes, à celui des héros vint s'ajouter, pour s'y substituer peu à peu, le culte de l'Olympe, dont les dieux se trouvaient dans la nature physique et que l'homme avait fait naître de son amour pour la création. Puis les familles se groupèrent, formèrent des agglomérations, des cités, où la religion et la liberté individuelle durent s'incliner devant l'Etat, qui voulut régner absolument sur la vie privée des citoyens et qui sacrifia trop souvent le droit et la morale à l'intérêt de la patrie.

C'est ainsi qu'à Sparte la famille et, avec elle, la dignité de la femme finirent par être complétement méconnues. Le mariage n'était qu'une honteuse promiscuité. Le Spartiate prenait une épouse au hasard, et l'enfant qui en naissait appartenait à la cité. La femme et l'enfant n'étaient regardés que comme des instruments destinés à procurer une sorte de prospérité publique. Dans l'union de l'homme et de la femme on ne voyait qu'un mode de production de citoyens!

Telle était la morale lacédémonienne. Hâtons-nous d'ajouter qu'elle faisait exception en Grèce. Athènes qui, selon Thucydide, était l'école des Grecs, tout en subissant aussi la dissolution du régime patriarcal au profit de l'Etat, Athènes apporta plus de générosité dans ses lois, et au lieu d'annihiler la famille, comme Sparte le faisait, elle en accepta les traditions et la morale pour les rectifier, les for-

1. Xénophon, *Gouv. de Lacéd.*

tifier davantage et y mettre le sceau d'une consécration officielle. Solon fit des lois, les mêmes pour tous, sans distinction entre les grands et les petits. Le fils aîné n'est plus le seul héritier. «Les frères se partageront le patrimoine, dit la loi.» Mais, tout d'abord, le législateur ne s'éloigne pas encore du droit primitif jusqu'à donner à la sœur une part dans la succession [1]. Si un père ne laisse qu'une fille, cette fille ne peut encore hériter, c'est toujours le plus proche parent qui a la succession et qui est appelé à épouser la fille[2]. La parenté par les femmes était inconnue autrefois. Solon l'admet, mais en la mettant au-dessous de celle des mâles, et c'est ainsi que peu à peu la femme arrive à la succession, après en avoir été, comme on vient de le voir, privée totalement. «A défaut de frères ou de fils de frères, la succession passera à la sœur [3].» Son individualité est garantie par l'institution de la dot, comprenant des biens que le mari est tenu de conserver et de restituer à la dissolution du mariage, et dont il peut employer les revenus à l'entretien du ménage[4]. Ainsi la femme a des droits incontestables, inférieurs sans doute à ceux des hommes, mais importants pour elle et qui prouvent que le droit naturel parle déjà presque aussi haut que l'antique religion. Quant au testament, la loi de Solon qui l'introduisit pour permettre en principe au défunt de se créer une postérité par l'adoption[5], le refusa aux femmes, même quand on put se servir du testament pour disposer de ses biens. Mais, depuis Solon, jamais Athènes ne connut le despotisme domestique. Les droits et les priviléges sont pour les plus fai-

1. Isée, VI, 25.
2. Isée, III, 42.
3. Isée, VII, 19; XI, 2, 11.
4. Démosth., *c. Bœot.* — Isée, *de Pyrrh.*
5. Isée, III, 41. 68, 73; VI, 9; X, 9, 13.

bles, les charges et les devoirs pour les plus forts. Et cependant la femme mariée, malgré la vénération dont elle était entourée, n'avait pas une grande influence dans la société grecque; il en est toujours ainsi quand l'Etat envahit tout, quand la famille et les intérêts privés comptent pour peu de chose en face de l'omnipotence gouvernementale. Le citoyen, quittant petit à petit ce foyer où naguère il passait doucement sa vie, sans trouble comme sans ambition, en arriva à n'habiter que la place publique où se donnaient rendez-vous toutes les passions et les intrigues politiques, où se débattaient toutes les affaires devant le peuple. La femme alors, retirée dans le silence du gynécée, était condamnée à l'ignorance, devait s'habituer à ne parler, n'entendre et ne voir que le moins possible, à garder la maison, s'occuper du ménage, obéir à ses parents ou à son mari [1], en sorte que plus l'homme acquérait de lumières, plus la femme était entourée de ténèbres.

C'était à une classe particulière de femmes qu'était réservée une part remarquable d'influence qui, tout en relâchant les mœurs des Grecs, donna à leur civilisation un certain cachet de douce élégance et d'exquise politesse. Les courtisanes, s'appliquant aux plus hautes études, attirant chez elles l'élite des personnages de la république, dominaient les maîtres de la Grèce [2] et s'appropriaient cet ascendant que la femme exerce toujours sur l'homme chez un peuple intelligent et libre. Cultivant tour à tour l'éloquence, la poésie, les arts, la philosophie même, elles inspiraient un Alcibiade comme un Praxitèle, et l'on vit Socrate, le plus vertueux des Grecs, admettre une Aspasie à ses en-

1. Xénophon, *Econ.* III, 13; VII, 5, 14.
2. Athénée, XIII, 46.

tretiens, alors qu'il en écartait sa femme légitime. Ces courtisanes, qui semblaient faire descendre de son rang l'épouse et la mère par leur pernicieuse rivalité, servirent, au contraire, à relever leur condition. Les hommes, en effet, apprirent par elles quel fond inépuisable de sensibilité et d'ingénieuses inspirations renfermaient l'esprit et le cœur de la femme; et ils se préparèrent, par là, à respecter, en entrant dans la famille, la chaste dignité et les vertus solides d'une créature qui les avait d'abord, sous un autre nom, séduits dans le monde par ses grâces légères et ses attraits brillants.

Par ce court exposé, on voit qu'en Grèce, si la femme n'a pas encore les prérogatives de liberté que des lois ultérieures lui assureront, du moins sa condition s'améliore et qu'elle n'a plus à redouter, comme dans d'autres sociétés, les injustices et les affronts d'un tyran domestique.

La femme romaine

Nous avons rencontré, à l'origine de la famille hindoue et grecque, des institutions que nous retrouvons à Rome et qui font supposer que les Hindous, les Grecs et les Romains descendaient d'une même souche. La philologie a déjà cherché à les comparer et a constaté, dans leurs langues, de nombreuses ressemblances; l'histoire et la science juridiques, en remontant le cours des siècles ont pu, de leur côté, observer, chez ces peuples, les mêmes fondements dans la société domestique.

Ainsi, le Romain a, comme le Grec et l'Hindou, son culte, ses rites, des sacrifices qui lui sont propres et qui, pour le salut de la république, doivent se perpétuer sans interruption. Les morts sont, pour lui, des êtres divins qui jouissent d'une existence bienheureuse, à la condition que les vivants leur portent des offrandes funèbres[1]. Ces âmes humaines, divinisées par la mort, et appelées en Grèce *Démons, Héros*, sont chez les Latins des *Lares*, des *Mânes*, des *Génies*[2]. La famille a toujours un prêtre pour ses dieux lares, génies muets des anciens possesseurs, un père pour ses sacrifices, génie actif de la maison, un gardien du foyer, de l'*atrium*[3]. Aussi faut-il toujours des héritiers, car la religion domestique ne peut se propager que par la génération. Le père, en donnant la vie à son fils, lui donne en même temps son culte, ses croyances, le droit d'entretenir le foyer, d'offrir le repas funèbre. Enfin, à Rome comme en Grèce, le mariage se fait presque par les mêmes cérémonies solennelles[4] et les conséquences en sont identiques chez les deux peuples. Dès que le fer d'un javelot a partagé les cheveux de la fiancée romaine, dès qu'elle a goûté au gâteau sacré, ou que l'époux a compté au beau-père le prix de la vierge, on lui dicte la formule : *Ubi tu Gaius, ego Gaia*; on l'enlève, elle passe sans toucher des pieds le seuil de la maison conjugale, et tombe, selon l'expression énergique du droit, dans la main de son mari. Celui-ci est le maître et le juge de sa femme. Pour qu'il ait droit de la mettre à mort, il n'est pas nécessaire qu'elle ait violé sa foi ; il suffit qu'elle ait dérobé les clefs ou qu'elle ait bu du vin[5].

1. Ovide, *Fast.* II, 553. — EURIPIDE, *Alceste*, 108.
2. Cicéron, *Timée*, 11.
3. Caton, *de re rustica*, 143.
4. Aristote, *Politiq.* II, ch. V, n. 12.
5. Pline, XIV, 13.

Mais la ressemblance originaire des législations grecque et romaine s'effaça peu à peu, et, si nous les comparons au temps de Périclès et de la loi des XII Tables, nous les trouvons dans une extrême opposition. Tandis qu'en Grèce le droit semble vouloir atteindre un idéal de justice et de vérité indépendant des détails et des ambages de la pratique, Rome, guerrière et disciplinée, jette les bases de ce formalisme rigoureux et inflexible qu'on a trop souvent cherché à ridiculiser, et qui cependant a enfanté «la raison écrite,» devant laquelle les juristes de tous les temps se sont inclinés avec respect et admiration.

En Grèce, le peuple juge lui-même, n'écoutant que les inspirations de sa conscience et subissant inévitablement l'influence des mœurs [1]; Rome, au contraire, a un droit fixe, réglé d'avance, dont l'interprétation et l'application appartiennent à des pontifes, à une sorte de congrégation aristocratique et conservatrice [2]. Sans doute, le peuple obtint, dans la suite, par l'intermédiaire de son préteur, une participation directe à la justice et son initiation à la science des lois; mais, même à cette époque, le droit romain conserve son caractère et reste un art spécial fait au moule des anciennes institutions. Le plaideur, à Athènes, n'a besoin, pour paraître devant ses juges et défendre ses intérêts, d'aucun légiste, ni de la subtilité des prudents [3] ; à Rome, il y a tant d'obscurités dans les voies de la procédure, qu'il faut absolument aux parties un de ces jurisconsultes, sentinelles avancées du temple de la Justice, qui les mettent en garde contre les moindres inexactitudes et les empêche, par exemple, de demander au juge des vignes (*vites*), quand

1. Lysias, *c. Alcibiad*, I, 21 ; II, 1.
2. Pomponius. L. 2, § 6, D. I, 2.
3. Quintilien, *Inst. Orat.*, II, XV, 30.

elles ont à réclamer des arbres *(arbores)* [1]. Le préteur, il est vrai, a élargi le terrain du droit, en créant de nouvelles actions ; mais l'édit reste ce qu'était la loi, c'est-à-dire autoritaire, immuable, spécial. Enfin, si l'on considère les contrats, on voit, en Grèce, des formes utiles seulement pour la preuve [2], mais point de solennités prescrites, comme à Rome, à peine de nullité [3].

Et cependant, entre ces deux droits, celui de Rome, quoique le plus rigide, est peut-être, comme on l'a dit[4], celui qui favorise le mieux l'initiative individuelle, en la garantissant contre les injustices de l'arbitraire. Athènes sacrifiait souvent l'intérêt particulier à l'intérêt général ; Rome respecta toujours l'homme privé, le chef de famille, dans sa volonté, dans ses actes [5], dans son omnipotence elle-même et conserva ainsi, plus longtemps que la Grèce, les institutions de l'époque patriarcale. En faisant des lois un ensemble de règles strictes, inflexibles ; en les dégageant, pour ainsi dire, de l'influence des temps et des mœurs, les Romains furent les premiers à fonder la science elle-même du droit, les premiers à l'apprendre ensuite au monde qu'ils avaient conquis, et, pour cela, ils ont mérité, à juste titre, la reconnaissance et l'admiration des peuples modernes.

En présence du droit si exclusif, si rigide de Rome, en présence des mœurs sévéres des premiers âges, quelle sera la condition de la femme? Si l'on consulte la loi, on voit que le père de famille réunit, sous son pouvoir domestique, des esclaves qui n'ont aucun droit, des clients à qui la vie publique est refusée, des enfants et souvent une femme à

1. Cicéron, *pro Munera*, 11.
2. Démosth., *C. Steph.*, II, 14-16.
3. Cicéron, *De Oratore*, I, 57, 58.
4. Gide, *condit. des fem.; loc. cit.*
5. Festus, *Voc. Nuncupata*, — Ulpien, XI, 14.

qui rien ne peut appartenir en propre [1]. Voilà le cercle domestique où tout est mis en commun sous l'administration d'un chef absolu ; voilà ceux que le père nourrit, gouverne, défend, pour lesquels il veut, il possède, il agit. La place de la femme était singulièrement étroite là où tout pouvoir résidait en la personne du mari, où la famille n'était pas fondée sur les sentiments naturels, mais sur la *puissance*, où la parenté virile était légalement supérieure à la parenté maternelle.

Mais si, quittant le droit, nous recherchons quelle était la situation faite aux femmes par l'usage et les mœurs, ces témoins irrécusables de la vie intime d'un peuple, nous voyons la matrone romaine, abaissée par la loi, tenir cependant dans la société une place que pourrait envier la femme moderne. Elle coule paisiblement ses jours dans l'intérieur de la maison, honorée de son mari, respectée de ses enfants, occupée le plus souvent à filer la laine auprès de l'*atrium*. Si elle sort par hasard, ce n'est habituellement que pour suivre, dans la plus grande modestie, les processions du Capitole. Ce sont des femmes qui sont appelées à entretenir le feu sacré qui protége Rome. C'est à la mère de famille que revient l'honneur de sauvegarder la pureté du sang romain et d'élever des citoyens dignes d'elle et de la République. Aussi lui donne-t-on en respect et en estime ce que le droit strict exige d'elle en vertu et en dignité. Partout et toujours on lui fait place ; les licteurs, les magistrats eux-mêmes lui témoignent la plus grande déférence [2] ; il y a plus : Rome et le Sénat, aux jours du danger commun, réclament d'elle une prière [3]..., et c'est ainsi

1. Ulpien, XIX, 18 ; XX, 10 ; Gaius, II, 86, 87, 96 ; III, 163.
2. Plutarque, *Romul.*, 20.
3. Tite-Live, X, 23.

que la femme romaine, assujettie par les lois, se relève, fière et majestueuse, par les mœurs.

Nulle part, dans l'antiquité, plus qu'à Rome, la vertu féminine ne fut appréciée et glorifiée. Ce n'est pas, comme en Grèce, l'attrait brillant et dangereux de la courtisane ; c'est l'influence légitime et puissante des vierges et des mères de famille. Et cela tient précisément à la sévérité de la loi elle-même vis-à-vis de la femme, qui se trouve soumise sans être complétement asservie et dont la subordination honorable est une garantie contre les périls inévitables d'une émancipation et d'une indépendance exagérées qui ne sont pas de son sexe.

Mais quand Rome eut vaincu le monde et que le monde, à son tour, eut triomphé d'elle par les appâts du luxe et de la corruption ; quand, à la porte Capène, « ce forum des femmes, » purent, au crépuscule du jour, se rencontrer et se croiser impudemment la *rheda* à lames d'or de la matrone romaine et le léger *cisium* de la courtisane grecque, alors l'antique vertu de la femme, désormais aux prises avec des aspirations nouvelles de liberté facile et dorée, dut bientôt trouver trop austère la vieille morale de la famille, puis, hésitante, chanceler peu à peu et mourir enfin sous l'étreinte perfide du vice !

La matrone n'aura donc plus rien à envier à l'affranchie, à l'étrangère ! Celles-ci, livrées par la misère ou par la servitude aux honteux caprices de la corruption, vivaient libres et méprisées, n'attendant que d'un regard, que d'un sourire les moyens d'entretenir leur triste liberté [1]. La femme romaine sera libre aussi, puisqu'elle le réclame ; mais elle vivra dans la honte et le mépris. Enivrée de libertinage, elle cherchera à se décharger entièrement du

1. Tite-Live, XXXIX, 9.

fardeau des devoirs domestiques, et un jour viendra où les liens de famille que la loi, par équité, avait insensiblement relâchés de leur rigueur primitive, seront trouvés encore trop étroits par les Romains efféminés et se briseront enfin au contact du divorce, du célibat, de l'adultère, de la débauche !

C'est en vain qu'alors un *César* portera des lois pour arrêter les désordres qui rongent la société ; c'est en vain que, voyant la vie abandonner le corps social, il voudra demander à la famille le remède de tant de maux; qu'il fera du mariage une obligation forcée, une charge publique, une sorte d'impôt dû à l'Etat; qu'il flétrira les célibabataires en leur refusant les héritages, ce moyen si facile et si recherché de s'enrichir; qu'il punira des peines les plus graves la séduction (*stuprum*), l'assistance à la débauche (*lenocinium*)[1], l'adultère; qu'il voudra mettre un frein à la fureur des divorces... Rien ne saura maîtriser le flot toujours croissant de l'immoralité, qui trouve, quand elle veut, les moyens d'éluder les règles du droit et de la conscience. A la place de cette matrone si respectée, si majestueuse des premiers temps, nous n'aurons plus qu'une femme méprisable, fière de ses vices, comptant, comme dit Sénèque, ses années, non par le nombre des consuls, mais par le nombre de ses maris, et préparant ainsi la chute de l'empire romain par la corruption de la famille et la décadence de la société. Par le divorce, ce ver rongeur du mariage, ce symbole de liberté dans la dépravation et dans l'adultère, s'en allait, s'écroulant, le dernier rempart de la vertu domestique des Romains : la dignité de la femme et le respect pour la fidélité conjugale. Quand l'homme se

1. Paul, *Sent.*, II, 26, § 13. — Justinien, *Inst.*, IV, 18. — LL. 8, 9, 10, pr. et § 1. D. *de ad leg. Jul. de adult. et pudic.*

corrompt, a-t-on dit avec raison, l'Etat chancelle ; quand la femme se dégrade, la famille est près de périr. Les mœurs n'étaient plus assez pures ni assez fortes pour reconstruire une famille sur d'autres fondements. La société romaine, grande et vigoureuse aux temps où la matrone se faisait respecter, dégénéra peu à peu et ne fut bientôt plus composée que de membres sans énergie, sans courage, désespérant d'eux-mêmes, et impuissants à résister aux Barbares.

Telle était, à un point de vue général, la condition des femmes à Rome. Avant d'en étudier le côté le plus caractéristique et le plus intéressant dans les lois sur le divorce, nous devons aborder une question grave et difficile, celle de l'indissolubilité du mariage, qui divise encore tant de philosophes et de jurisconsultes, et dont la solution peut, comme on le verra, exercer une grande influence sur les destinées de la famille et, partant, de la société tout entière.

DE L'INDISSOLUBILITÉ DU MARIAGE

Un seul à une seule et toujours.

I.

1. Sans doute, et de l'aveu de tous, dans le mariage idéal, dans cette union si bien définie par les Romains : *Juris humani et divini communicatio*, et par le christianisme : une école de perfectionnement mutuel et de vertus éprouvées, l'indissolubilité est le sceau suprême imprimé à l'institution conjugale ; car, ainsi que l'écrivait M. Legouvé, « c'est la grande idée de l'immuable introduite dans cette vie où tout change ; c'est l'espérance de l'infini déposé dans des cœurs où tout s'éteint. » Mais dans le mariage, plus réel et trop fréquent, où la fusion des âmes n'existe pas et où il n'y a qu'un contrat des corps et des fortunes ; dans le mariage, en un mot, malade et vicié que la vanité et la faiblesse humaines ont enfanté, « l'irrévocable n'est-il pas un mot trop terrible dans la bouche d'une créature telle que l'homme, variable à l'excès, sujette à l'erreur, jouet perpétuel de vicissitudes impossibles à prévoir [1] ? » Le législateur doit-il, dans ce cas, tenir compte des temps et des mœurs, s'abaisser par une indulgente condescendance jusqu'au niveau de nos passions

1. Daniel Stern, *La Liberté*.

et de notre décrépitude, ou bien chercher à élever es citoyens jusqu'à la hauteur d'un idéal où ne se trouvent ni fantaisies d'un jour, ni voluptés passagères, et qui représente le mariage, non comme une société de plaisir, mais comme une union de vertu et de bonheur durable ?

2. Il est des philosophes qui ont pensé que la loi devait, dans la question qui nous occupe, abdiquer toute initiative vivifiante et, tout en conseillant la vertu, ne point gêner le vice. Ainsi, selon Fontenelle, « la loi d'une union indissoluble est une loi cruelle et barbare, une loi allant directement contre les desseins de la Providence ; » et Diderot pense « qu'un serment éternel ne peut être prêté sous un ciel qui change, sur un autel qui tombe, par deux êtres qui doivent se quitter. » Ils réclament donc le divorce au nom de notre pauvre nature humaine, au nom des malheureux qui se sont engagés trop légèrement dans les voies difficiles du mariage, au nom surtout des enfants, témoins des divisions, des haines journalières de leurs parents. « Quelle iniquité ou injustice pourrait être plus grande que, pour une heure de fol marché, pour une faute faite sans malice et par mégarde, et bien souvent pour obéir et suivre l'avis d'autrui, l'on soit obligé à une peine perpétuelle ? Il vaudrait mieux se mettre la corde au col et se jeter à la mer la tête la première pour finir ses jours bientôt, que d'être toujours aux peines d'enfer et souffrir sans cesse à son côté la tempête d'une jalousie, d'une malice, d'une rage et manie, d'une bêtise opiniâtre et autres misérables conditions [1]. »

1. Charron, *Traité de la sagesse*, l. I, chap. XLII.

3. D'autres jugent, et selon nous avec raison, que, quand la vie commune entre époux est devenue intolérable pour des causes graves et précises, la loi ne doit pas faire tomber un contrat qu'ils ont formé, non-seulement pour eux, mais encore pour leurs enfants ; qu'elle ne saurait les délier d'un serment solennel et prêté volontairement ; qu'elle peut seulement relâcher les liens qui les unissent, et cela dans l'intérêt de la famille et de la morale sociale. Pour eux et pour nous, en effet, le triomphe du système de l'indissolubilité est lié intimement au triomphe de la civilisation : car les leçons de l'histoire montrent clairement que plus les peuples avancent dans les voies d'un progrès bien entendu, plus ils rendent difficile la rupture des mariages. Et dès lors qu'un principe réunit à la fois le caractère de « grandeur morale, c'est-à-dire de grandeur absolue, et de grandeur historique, c'est-à-dire de grandeur relative, » les mœurs et les lois doivent se concerter pour en accepter avec reconnaissance et faire toujours l'utile et salutaire application.

II.

4. Si l'on ouvre l'histoire, on voit qu'à mesure que le mariage s'épure, sa dissolution devient rare et entourée d'obstacles. A l'origine, le mari est le maître absolu de la femme ; il l'achète le plus souvent et, dès lors, il peut la renvoyer comme une esclave. C'était, on le voit, le despotisme le plus arbitraire introduit au sein de la société domestique, et qui ne pouvait exister qu'en un temps où la dignité de la femme était totalement méconnue.

5. Mais, quand des idées plus douces et plus libérales se furent insensiblement répandues, comme une onde bienfaisante, à travers les nations, l'homme fut mis en garde contre les excès de sa souveraineté et se vit obligé de demander le divorce soit à l'autorité publique, soit à la famille de l'épouse. Le moment ne devait pas être loin où, par esprit d'égalité, le même droit fut accordé à la femme. C'est ainsi que, sous les efforts de la civilisation, disparut du monde l'injuste et brutale répudiation pour faire place à l'institution plus humaine du divorce, qui, lui-même, un jour, battu en brèche par le christianisme, donna naissance à la séparation de corps.

6. Le divorce est la dissolution complète d'une union valablement contractée, sur la demande de l'un ou l'autre conjoint, tandis que la séparation de corps laisse subsister le mariage dont elle élargit seulement le lien et permet aux époux, revenus à de meillenrs sentiments, de se réconcilier tôt ou tard et de reprendre leur vie commune.

7. Comme nous l'avons vu précédemment, la plupart des législateurs anciens permettaient le divorce. De nos jours encore, malgré l'influence des idées catholiques, il trouve des protecteurs parmi des peuples nombreux qui, en apparence du moins, ne semblent pas en éprouver un grand dommage pour leur moralité. En France, il fut longtemps combattu, puis proscrit par « la religion de la majorité des Français. » La Réforme l'adopta, en se fondant sur des textes sacrés de l'Évangile [1], et il est aujourd'hui consacré par les

1. Saint-Mathieu, XIX, 9 : « *Ego autem dico vobis quia omnis qui* DIMESERIT *uxorem suam, excepta fornicationis causa, facit eam mœchari, et qui* DIMISSAM *duxerit, adulterat* », et Saint-Marc, X.

codes de toutes les nations protestantes. Lorsqu'après la réforme religieuse arriva la réforme politique, la loi du 20 septembre 1792 accorda plus même que le divorce, en donnant aux époux une sorte de droit de répudiation réciproque, appelée incompatibilité d'humeur. Le législateur alors, par suite d'une réaction contre le dogme catholique, frappa d'interdit la séparation de corps. Le Code civil, en réintégrant cette dernière dans la loi, plaça à côté d'elle, non plus la répudiation réciproque de 1792, mais le divorce entouré de précautions, de sévérités, d'épreuves et de formes aussi strictes que solennelles. Et cependant, cette institution, réduite à ces termes, ne put trouver grâce devant les tendances religieuses de 1816 ; et le 8 mai, une loi fut rendue qui l'effaça du Code civil. Cette loi, malgré les tentatives infructueuses de 1831, 1832 et 1848, faites pour l'abolir, est encore celle qui régit maintenant la France.

Si l'on ouvre nos archives judiciaires, on voit que, depuis la Révolution jusqu'en 1816, le nombre des divorces a toujours diminué à mesure que renaissait l'ordre social et que se raffermissait le lien conjugal. « Pendant la Révolution, dit le tribun Carion-Nisas, sur trente actes de divorce, on en trouvait dix sur lesquels un des époux ou tous deux divorçaient pour la seconde fois. »

Le Censeur des journaux (juin 1796) rapporte que «sur 5994 divorces prononcés en la commune de Paris dans l'espace de quinze mois, il y en eut 1145 prononcés par la seule raison d'incompatibilité d'humeur, dont 887 étaient au compte de la femme. » Les unions illégitimes ne tendaient pas à diminuer pour cela, puisque, en l'an V seulement, le nombre des enfants trouvés s'éleva dans les hôpitaux de France au chiffre de 48,800[2].

En l'an VIII, il y eut à Paris 700 divorces. En l'an IX, en l'an X et en l'an XII, on n'en compta que 300. Depuis lors jusqu'en 1812, il n'y en eut plus que 50 à 75 par année. Depuis 1816, c'est-à-dire du jour où le divorce fut aboli jusqu'en 1831, il ne se présenta à Paris que 550 séparations de corps seulement.

Tel est, aussi brièvement que possible, l'historique du divorce. Il nous faut voir quels sont actuellement les peuples qui l'admettent et ceux, au contraire, qui sont restés fidèles au principe de l'indissolubilité.

III.

8. L'institution du divorce est inscrite dans la presque totalité des législations étrangères : en Allemagne, en Angleterre, en Amérique, en Belgique, en Grèce, en Hollande, en Norvège, en Pologne, en Prusse, en Russie, en Suède, en Suisse (sauf des exceptions faites à l'égard des catholiques), en Turquie. L'Espagne et l'Italie où le catholicisme est dominant le repoussent comme anti-religieux [2].

9. En Angleterre, il y avait autrefois deux sortes de divorces : celui qualifié *a vinculo matrimonii*, pour causes antérieures au mariage et qui, prononcé, par exemple, en cas de parenté, de minorité, d'empêchements physiques, répondait assez à nos nullités

1. V. J. Malleville, *Du div. et de la sép. de corps*, chap. I.
2. V. Dalloz, *Rép. loc. cit.*

de mariage ; et le divorce *a thoro et mensa* dont le corrélatif se trouve dans notre séparation de corps, et que la Cour éclésiastique accordait pour adultère et même de simples sévices. S'il y avait lieu à réparations pécuniaires, on s'adressait, en outre, à la Cour du banc du roi. Plus tard, le divorce *a vinculo matrimonii* fut permis, pour causes postérieures au mariage. Admis d'abord assez facilement, puisque, depuis Henri VIII, il suffisait d'invoquer l'incompatibilité d'humeur, ce divorce ne put, dans la suite, être obtenu que pour cause d'adultère, et encore fallut-il le demander au Parlement lui-même. Aussi, pour éviter les frais d'un bill, la plupart des époux prirent l'habitude de se contenter du divorce *a thoro et mensa*. Mais une loi nouvelle a rendu le divorce absolu plus accessible à la masse des citoyens, et lui a fixé des conditions, des formalités, une juridiction qui le mettent à la portée de toût le monde[1].

Nous ne pouvons passer sous silence les répudiations « sous forme de marché » qui existaient jadis en Angleterre et dont les honteux exemples sont devenus très-rares aujourd'hui, si toutefois il s'en trouve encore. Elles étaient la juste contre-partie de ces unions faciles consacrées et consommées par-devant le forgeron juge de paix de Gretna-Green, en Écosse, assez communes autrefois et dont le nombre ne va plus guère maintenant qu'à cent, bon an mal an.

10. En Autriche, la séparation de corps est seule autorisée entre les catholiques. Les autres peuvent

1. Blackstone, L. Ier, T. II, Ch. VII.

demander la dissolution de leur mariage, suivant leurs croyances religieuses. Si l'un des époux n'a embrassé le catholicisme que depuis son union, l'autre époux peut encore demander le divorce (art. 103-105). Après la séparation de corps prononcée, la réconciliation peut avoir lieu, quand l'époux outragé a continué le mariage, dans ses effets, pendant un an (art. 721).

11. Le Code Frédéric, en Prusse, autorise le divorce : 1o en cas d'adultère du mari ou de la femme; 2o lorsqu'il y a suspicion légitime d'adultère; 3o lorsque l'un des époux abandonne l'autre *malo animo*; 4o pour des vices contre nature; 5o si la femme refuse de suivre son mari au nouveau domicile qu'il a choisi; 6o en cas d'impuissance; 7o pour excès, sévices ou injures graves; 8o si l'un des époux se refuse à remplir les devoirs conjugaux; 9o en cas de démence pendant un an sans espoir de guérison; 10o pour dissipation ou prodigalité ; 11o lorsque l'un des époux change de religion; 12o pour condamnation de l'un d'eux à une peine infamante; 13o pour refus du mari de fournir des aliments à sa femme; 14o enfin par consentement mutuel (art. 668 et suiv.)[1]. La réciprocité des torts est une fin de non-recevoir (art. 710). La séparation de corps n'est pas appliquée aux protestants, et si les tribunaux l'admettent quelquefois, c'est dans l'espoir d'une réconcialition. Quant aux catholiques divorcés, ils sont considérés comme séparés de corps (art. 734).

1. V. Anthoine de Saint-Joseph. *Concord. entre les codes étr. et le C. N.*

Remarquons que le nombre des divorces va en augmentant, en Prusse. En 1864, il y en a eu 3822; en 1857, 3988; et en 1868, 4360, dont 850 ont été prononcés à Berlin, « où l'hiver dernier, rapporte un journal actuel[1], quelqu'un s'est rencontré, dans un salon, avec trois dames qu'il avait successivement épousées pour divorcer peu de temps après.»

12. La loi badoise autorise le divorce pour adultère du mari, lorsque la demeure de la concubine est à proximité de la maison conjugale.

13. En Bavière, la séparation de corps seule est permise, quand l'un des conjoints ne peut plus vivre avec l'autre, « sans un grand danger pour son âme ou pour son corps et en cas d'adultère. » Mais cette dernière cause disparaît, lorsque le délit est réciproque ou qu'il y a lieu à réconciliation.

14. Suivant le Code hollandais, les causes pour lesquelles on peut demander le divorce sont : l'adultère de l'un ou l'autre époux, la condamnation à une peine infamante, l'abandon malicieux, les excès ou sévices, mettant en péril la vie de l'autre conjoint; enfin, le divorce peut encore être prononcé quand, depuis cinq ans, après la séparation de corps, il n'y a pas eu de réconciliation.

15. La Pologne ne connaissait autrefois que les demandes en nullité de mariage fondées sur les empêchements du droit canonique. En lui donnant notre Code civil, Napoléon introduisit le divorce que les Polonais ont constamment gardé depuis, malgré les tentatives essayées pour l'abolir.

[1] *Gazette de France.*

16. En Suède, le divorce peut être prononcé par ce seul fait qu'on aura obéi aux inspirations de sa conscience, en cas d'apostasie, par exemple (Arrêt du Consistoire de Stockholm, du 26 avril 1864).

17. Le code du canton de Vaud décide que l'adultère d'un des époux, est, pour l'autre, une cause légitime de divorce (art. 128). Il en est de même de la démence, des maladies incurables et de l'abandon malicieux.

18. Dans le canton de Berne, la séparation de corps ne peut être prononcé que pour deux ans et deux fois seulement. Mais le divorce est admis, entre autres causes, pour maladies héréditaires ou contagieuses, pour démence, changement de religion, abandon malicieux, renonciation au droit de cité. Il en est généralement de même dans le Code des cantons de Fribourg et d'Argovie.

19. La loi des Deux-Siciles et le code sarde n'admettent pas le divorce et autorisent seulement la séparation de corps.

Le Code des Deux-Siciles permet à la femme de demander sa séparation de corps, non-seulement quand le mari entretient la concubine dans la maison commune, mais encore quand il vit publiquement avec elle, sauf, dans cette hypothèse, l'obligation imposée à la femme de se faire assister de deux de ses plus proches parents (art. 219).

20. En Espagne, en Italie, le divorce est défendu. Malheureusement pour les mœurs italiennes « le mariage même y est un divorce », a dit Alfiéri; et Mme de Staël ajoute que « l'infidélité est plus morale en Angleterre que le mariage en Italie. »

21. En Amérique, le divorce est généralement permis. La loi du Mexique édicte la peine de mort contre les époux divorcés qui se réunissent. Au contraire, d'après la loi des Maldives, le mari peut reprendre la femme qu'il a répudiée. Le Code de la Louisiane autorise le divorce en cas d'adultère, d'excès ou sévices, d'attentat de l'un des époux à la vie de l'autre, de diffamation publique ou d'abandon de l'un des époux par l'autre. Le Code d'Haïti prononce le divorce dans les cas prévus par le Code Napoléon (art. 229, 231). Mais les injures doivent être publiques, pour servir de fondement à la demande.

22. De ce rapide coup d'œil jeté sur les législations étrangères, il résulte que la grande généralité des peuples civilisés admet le divorce. Aussi a-t-on voulu en conclure que cette institution, alors même qu'on la rejetterait en théorie, peut sans inconvénient être appliqué en réalité, puisqu'elle ne semble porter aucune atteinte grave à la moralité des nations qui l'ont introduite dans leurs lois. — Vous avez contre vous, dit-on aux partisans de l'indissolubilité, la saisissante évidence des faits; vous ne devez pas repousser le divorce, comme contraire à l'ordre public, à l'intérêt social. — Loin de nous la pensée de vouloir discuter la question au point de vue pratique, car nous serions infailliblement conduits dans un dédale inextricable d'appréciations de temps, de pays et de mœurs.

Nous aurions à montrer, par exemple, que si, chez certains peuples, le divorce n'est pas un danger imminent, parce que leur état moral et leurs usages ne l'y supposent guère et le rendent très-rare, parce que la pudeur publique est prête à le flétrir et à le réprimer, il fait, au contraire, la honte, en attendant qu'il fasse, comme aux derniers temps de Rome païenne, la ruine d'autres nations, qui « tolèrent les défauts de leurs lois et souvent ne les aiment et ne les admirent que par orgueil national. » Nous verrions, en outre, des pays, où cependant le mariage est indissoluble, se trouver à la merci des passions les plus grandes et être profondément rongés par les vices les plus destructeurs.

C'est dire que si, en fait et à un moment donné, le principe de l'indissolubilité peut se trouver débordé par la corruption des mœurs, comme aussi le divorce régner quelque temps sans trop de danger pour un peuple, ce n'est pas seulement dans ces deux institutions opposées qu'il faut chercher le fondement de l'état social. Mais elles ont — l'histoire le prouve — une influence assez puissante, quoique indirecte, sur les destinées d'un pays, pour être à toute époque l'objet de la sollicitude des penseurs et des légistes.

Nous allons donc traiter la question en pure théorie, sauf à en faire quelques applications à notre société actuelle, sur laquelle souffle plus que jamais le vent impétueux de tant de réformes. Puisse le court exposé que nous ferons de la doctrine de l'indissolubilité présenter, à défaut de force et d'autorité, le caractère plus modeste et non moins précieux d'une conviction loyale et sincère!

IV.

23. Ce grand et beau principe sur lequel repose la dignité du mariage est, comme on le sait, une conquête du Catholicisme. Mais, quelque précieux qu'il soit, ce titre de sainteté et d'honneur ne suffirait pas, en droit, pour faire accepter la grande institution qui en est revêtue; car toute discussion juridique doit, autant que possible, être indépendante de telle ou telle influence religieuse. Notre loi civile, en effet, ne s'applique pas qu'à des citoyens catholiques, et il y aurait injustice à vouloir imposer aux sectes dissidentes une disposition dont le seul mérite serait d'être orthodoxe. « Quelque respectables que soient les idées qui naissent immédiatement de la religion, écrivait Montesquieu, elles ne doivent pas toujours servir de principe aux lois civiles, parce que celles-ci en ont un autre qui est le bien général de la société.» Le droit civil et le droit religieux ont leurs domaines à part; « leurs mondes à tous deux, disait Royer-Collard, dans son discours sur la loi du sacrilége, leurs mondes qui se touchent ne sauraient se confondre ; le tombeau est leur limite. » Et, pourvu que la liberté de conscience ne soit pas atteinte, le législateur a tout pouvoir pour défendre ce que la religion permet, ou permettre ce que la religion défend.

L'élément religieux doit d'autant plus être écarté de la question de l'indissolubilité, qu'en matière de mariage le dogme catholique et la loi civile partent de principes diamétralement opposés. L'un, en effet, regarde le célibat comme plus saint et plus parfait que le mariage; l'autre tolère le célibat et encourage les citoyens à se marier. Avec l'un, il faut résister aux désirs de la nature, sauf à recevoir plus tard un dédommagement à des privations volontairement acceptées; l'autre n'a pour but que de satisfaire les aspirations et les besoins de l'homme, en mettant le moins possible la passion individuelle aux prises avec l'ordre public.

Aussi est-ce un argument à peu près abandonné de nos jours contre le divorce, que celui de son incompatibilité avec le dogme catholique, et nous n'envisagerons désormais le mariage que comme contrat humain, le divorce comme fait social.

24. Le mariage, disons-nous, est un contrat, né d'un mutuel consentement; et c'est ce qui fait que les partisans du divorce veulent lui appliquer toutes les conséquences de son caractère. Les uns admettent donc le mariage à terme, d'autres le mariage sous condition, d'autres, peut-être, le mariage à l'essai; tous pensent, avec Bentham, «que l'on ne peut supposer que les époux stipulent entre eux qu'ils ne pourront se quitter, quand même ils viendraient à se haïr [1].»

«Il faut, s'écriait le premier consul au conseil d'État, il faut que les premières années soient un temps d'épreuve et que, si les époux reconnaissent qu'ils ne sont pas faits l'un pour l'autre, ils puissent rompre une union sur laquelle il ne leur a pas été permis de réfléchir.... Une jeune fille consent à se marier pour se conformer à la mode, pour arriver

1. *Traité de législation* t. II, p. 212, et t. III, p. 50.

a l'indépendance et à un établissement: elle accepte un mari d'un âge disproportionné, dont l'imagination, les goûts, les habitudes, ne s'accordent point avec les siens. La loi doit lui ménager une ressource pour le moment où, l'illusion cessant, elle reconnaît que sa volonté a été séduite.» N'est-ce pas là le mariage à l'essai, comme une vente «avec dégustation préalable»? N'est-ce pas méconnaître profondément le véritable caractère du mariage, oublier son principe, ses effets, son but, que le traiter ainsi comme les contrats ordinaires s'appliquant à des choses qui sont dans le commerce? Voudrait-on le résoudre pour inexécution des obligations, et lui appliquer en outre le principe des dommages-intérêts?

Le mariage à terme a été proposé par Bentham. «Domestiques, soldats, matelots, qui n'ont pas de demeure fixe, hommes d'un rang plus élevé qui n'ont pas encore d'établissement, voilà une classe bien nombreuse qui se trouve réduite à un célibat forcé et en faveur de qui il faudrait légitimer les contrats pour un temps limité, le mariage à terme qui est innocent par lui-même.» Quelle confusion de mots et d'idées! Oui, sans doute, le mariage est un contrat, mais en ce sens seulement qu'il suppose l'accord des deux parties. C'est même un contrat de société, mais où les associés n'apportent pas de mises égales, et dont ils ne pourraient se retirer avec des chances égales. «C'est, dit M. de Bonald, une société où l'homme met la protection de la force, la femme les besoins de la faiblesse; l'un, le pouvoir, l'autre, le devoir; société où l'homme se place avec autorité, la femme avec dignité, d'où l'homme sort avec toute son autorité, mais d'où la femme ne peut sortir avec toute sa dignité, car, de tout ce qu'elle y a apporté, pureté, jeunesse, beauté, fécondité, fortune, elle ne peut, en cas de dissolution, reprendre que son argent.»

Dans le mariage, on stipule non-seulement pour soi, mais pour autrui; on s'engage à devenir comme la providence de la famille à laquelle on doit donner le jour. On ne pourrait donc, sans injustice, sans violer ses serments, rompre un contrat librement formé à ce point de vue. Les enfants ont, dès lors, un droit acquis à l'existence et à la durée de l'union de laquelle ils sont nés. Dissoudre l'association qui les a pris sous sa sauvegarde et qui s'est engagée à les nourrir, à les élever, à les soutenir dans le chemin de la vie, ce serait sacrifier la faiblesse à la force, opprimer des êtres longtemps incapables de défendre leurs intérêts. La société elle-même, malgré ses puissantes prérogatives, ne pourrait, après avoir reçu les engagements des époux, consentir en son nom à la rupture du mariage, parce qu'elle a au-dessus d'elle une souveraine, l'équité, qu'on ne trahit pas impunément et qui lui a donné la mission d'être la tutrice des petits et des faibles, et de faire tous les actes utiles à ceux sur lesquels elle étend sa protection.

25. Après avoir répondu au seul argument juridique que puissent invoquer les adversaires de l'indissolubilité, en leur montrant qu'ils s'abusent étrangement sur la portée du mot «contrat» appliqué au mariage, nous devons maintenant prouver, à l'aide

des principes moraux, que le divorce est contraire à l'intérêt des enfants, au bonheur des époux, à la moralité publique.

Intérêt des enfants. — 26. «Les enfants, a dit J.-J. Rousseau, fourniront toujours contre le divorce une raison invincible et naturelle.» Et un orateur du Tribunat s'écriait à la séance du 30 ventôse an XI: «C'est pour les enfants qu'il importe surtout que l'union des époux ne soit pas fugitive; non-seulement ils sont le fruit du mariage, mais c'est aussi pour les conserver, pour les élever, pour les protéger, que le mariage a été établi comme un contrat durable et comme le principe d'un ordre de succession légitime.» Le divorce qui brise cette union conservatrice est d'autant plus redoutable que l'expérience a montré qu'il conduit à abandonner les enfants, à les laisser seuls dans les voies difficiles de l'existence, n'ayant pour les soutenir et les encourager aucune de ces fortes traditions qui, reçues presque au berceau, font partie de notre être, nous suivent partout dans notre carrière et, malgré les orages de la vie, restent toujours dans notre cœur gravées au fond de quelque souvenir.

Avec la menace du divorce, s'écroule durant le mariage, le dernier terme de l'autorité paternelle, pour faire place à une anarchie de pouvoirs méconnus, à la défiance, à une insolente émancipation, à une rébellion inévitable, car «on ne respecte plus le chef de famille quand il peut cesser de l'être.» La mère reste peut-être avec sa tendresse, mais à coup sûr elle perd de son prestige ; car, ce qui la rend proprement l'égale de l'homme, c'est la certitude de conserver sa royauté au foyer domestique et de n'être pas aux yeux de son mari un jouet qu'à tout instant il peut briser.

27. Sans doute, l'intérêt des enfants se trouve compromis dès que le désordre existe au sein de la famille, leur intérêt moral par les mauvais exemples qu'ils reçoivent, leur intérêt de fortune par les dissipations que le déréglement entraîne après lui; mais est-ce une raison sérieuse pour dissoudre le mariage de leurs malheureux parents et leur enlever un dernier lambeau de vie de famille qui vaudra toujours mieux que l'isolement et l'amertume où les plongerait le divorce? D'ailleurs, si l'union conjugale subsiste, les enfants peuvent juger par eux-mêmes la conduite de leurs parents, et leur jugement, qu'on ne s'y méprenne pas, sait le plus souvent, quand il n'est pas influencé, distinguer de quel côté sont les droits, de quel côté sont les torts. Et, s'il est vrai que les enfants aient presque toujours les qualités des défauts et les défauts des qualités de leurs parents, il arrivera que les mauvais exemples qu'ils ont sous les yeux pendant le mariage ne seront pas aussi dangereux qu'on le pense : ce seront pour eux de tristes leçons qu'ils auront garde d'imiter. Plus tard, on les verra les premiers provoquer entre leurs père et mère divisés un rapprochement qui n'est pas possible avec le divorce; et, en tous cas, leur présence au foyer conjugal sera, pour les parents qui n'auront pas encore perdu toute pudeur, le dernier et suprême obstacle que ceux-ci, malgré leurs haines, n'oseront ni ne voudront franchir.

28. Quand la mort a rompu les liens d'une union, l'époux survivant sent redoubler en lui sa tendresse et sa sollicitude pour des êtres qui lui apparaissent comme la vivante image d'une personne aimée. Après le divorce, au contraire, l'amour paternel et maternel diminue, puis disparaît, parce que les enfants sont alors le témoignage présent de la rupture d'un lien dont ils devaient être le nœud perpétuel. Si le père en a la garde, il leur imposera le plus souvent une marâtre qui les abreuvera de chagrins et sacrifiera toujours leurs intérêts à ceux de ses propres enfants. Si c'est à la mère qu'ils sont confiés, il leur faudra subir la rigueur du second mari, qui les traitera comme d'insupportables étrangers. Enfin, celui des deux époux qui aura été abandonné pour un autre amour, enseignera à ses enfants la haine et non le respect pour le conjoint qui l'aura méprisé; et le divorce alors, au lieu de tarir, comme on l'espérait, la source des reproches et des scandales, ne fera qu'accroître et étendre aux enfants les effets des plus noirs ressentiments, en donnant peut-être naissance à de cruelles idées de vengeance!

29. Et que l'on ne nous objecte pas que la situation des enfants est la même au cas de divorce qu'au cas de secondes noces; car ici, outre que le survivant, n'ayant plus d'obligations à tenir vis-à-vis d'une personne qui est morte, a pu, sans se parjurer, contracter une nouvelle union, le conjoint d'un veuf ou d'une veuve s'intéresse presque toujours aux orphelins d'un premier lit, à la pensée que ses enfants eux-mêmes pourront un jour être privés de leur père ou de leur mère. Au lieu qu'à

la suite d'un divorce, le cœur ne parle guère pour les enfants d'une personne vivante, que l'on considère comme rivale; on les abandonne, ainsi que nous le disions plus haut, pour chercher dans un autre mariage le bonheur qui ne s'est pas rencontré dans le premier.

30. Voilà aussi ce qui fait la supériorité de la séparation de corps sur le divorce. Il est vrai que dans les deux hypothèses, l'éducation, la vie de famille, l'unité de soins et de direction morale, tout est détruit. Les enfants, élevés dans deux systèmes différents, tiraillés entre deux autorités opposées, appartenant pour partie à chacun de leurs parents, se trouvent orphelins de l'un pendant un certain temps, orphelins de l'autre pendant un autre temps limité. Mais, tout cela ne leur vaut-il pas mieux que l'abandon résultant du divorce? Les époux ne pouvant, dans la séparation de corps, se créer une nouvelle famille, ne s'habituent-ils pas à reporter leur affection sur les restes de l'ancienne? L'un d'eux au moins ne se dévoue-t-il pas entièrement aux enfants? Et ceux-ci, allant comme des messagers chéris de leur père à leur mère, ne pourraient-ils déterminer une réconciliation? Il est sans doute peu d'exemples de ces rapprochements, auxquels font toujours obstacles l'amour-propre, le respect humain, le souvenir trop présent de griefs passés; cependant il suffit qu'ils soient possibles pour que le législateur leur laisse le champ libre et les encourage: or, cette précieuse faculté ne peut exister qu'avec l'indissolubilité du mariage. Donc, à un premier point de vue, le divorce doit

être repoussé comme contraire à l'intérêt moral et physique des enfants, et parce que, en outre, il les empêche de provoquer entre leurs parents un rapprochement désirable pour tous. Voyons, en second lieu, si le bonheur des époux réclame cette institution.

Intérêt des époux. — 31. L'éventualité de la dissolution du mariage, disent nos adversaires, est utile pour maintenir dans de justes limites les pouvoirs du mari dans la société conjugale, et, une fois cette société dissoute par le divorce, les époux se trouvent dans une situation préférable à celle qui leur est faite par la séparation de corps.

32. Si la femme, dit-on, pouvait, durant le mariage, invoquer à chaque instant la loi du divorce, elle aurait, pour ainsi dire, un contre-poids au pouvoir du mari et elle souffrirait moins patiemment un mal auquel elle pourrait se soustraire. Il faut reconnaître de plus que «rien ne corrompt comme la faculté de faire le mal impunément,» et qu'un époux respectera davantage les droits de l'autre, s'il sait que celui-ci peut implorer le secours de la loi. Mais est-ce que, dans ce cas, l'éventualité de la séparation de corps, toujours flétrissante pour l'époux contre lequel elle est prononcée, ne suffirait pas pour contenir dans des bornes légitimes les pouvoirs de chacun des conjoints ? D'ailleurs le divorce préviendrait-il toute persécution domestique ? Et, à supposer qu'on ne l'admette que pour certaines causes déterminées, comme l'adultère, les mauvais traitements, quel recours accordera-t-on aux vic-

times de ces petites cruautés savantes qui, répétées journellement, prennent garde «d'excéder le taux légal» et qui ne sont pas le moins douloureuses? Les maux que l'on prétend guérir subsisteront donc encore, même quand, avec la menace du divorce, la loi aura cru défendre le plus faible contre le plus fort; et il arrivera fréquemment que la tyrannie de ce dernier sera provoquée par le désir d'obtenir de l'époux maltraité son consentement au divorce. C'est dire que bien souvent ce n'est pas à la loi, mais à la moralité et à la conscience des conjoints qu'il faut s'adresser pour établir la juste pondération des droits et des devoirs de chacun d'eux, puisque, dans les deux éventualités du divorce et de la séparation de corps, nous voyons la loi être impuissante à garantir pleinement et à toute heure, dans le mariage, la faiblesse contre les abus de la force.

33. Mais le divorce n'est pas seulement inutile, il est dangereux. En laissant aux époux l'espoir d'une dissolution définitive de leur mariage, avec la possibilité d'en former un autre, il leur enlève toute confiance en celui qu'ils avaient contracté, apporte à leurs cœurs désabusés regrets et dégoûts, donne carrière à leur inconstance humaine et, faut-il le dire? est souvent une source de dangers pour la fidélité conjugale. « On ne s'attache pas quand on peut n'être pas toujours attaché. » Si l'un des époux vient à rencontrer le regard d'une autre personne et que, poursuivi par l'illusion, il la suppose plus digne de son amour que celle à qui il avait d'abord donné sa foi, il ouvre son âme à de nouvelles aspirations, se prend à haïr son conjoint et en arrive

à provoquer une rupture qui non-seulement le couvre de déshonneur, mais encore entraîne toute une famille dans la honte et souvent à une ruine irréparable.

L'indissolubilité est, au contraire, une raison pour les époux de s'attacher l'un à l'autre et, s'il le faut, d'alléger leur chaîne par la patience et de mutuelles concessions : « Ne craignons pas, écrivait David Hume, de rendre trop étroit le nœud du mariage : si l'amitié des époux est solide et sincère, elle ne peut qu'y gagner : si elle est incertaine et chancelante, c'est le meilleur moyen de la fixer. » Pour que le divorce fût possible, il faudrait enlever au cœur de l'homme tous les désirs désordonnés qui l'agitent et mettre un frein aux passions qui s'y précipitent à leur suite. Car, ainsi que le dit Balmès : « le mariage, en assignant à la passion un objet légitime, ne tarit pas cependant la source d'agitation que le cœur recèle. La possession affadit, la beauté se fane, les illusions se dissipent, le charme disparaît. L'homme, en présence d'une réalité qui est loin des rêves auxquels se livrait une imagination de feu, sent naître dans son cœur des désirs nouveaux : fatigué d'un bien qu'il possède, il cherche dans un autre la félicité idéale qu'il croyait avoir trouvée, il fuit une réalité qui a trompé ses plus belles espérances. Lâchez alors la bride aux passions de l'homme, permettez-lui d'entretenir le moins du monde l'illusion qu'il peut chercher le bonheur dans de nouveaux liens, laissez-lui croire qu'il n'est pas attaché pour toujours à la compagne de sa vie ; vous verrez que le dégoût s'emparera de lui promptement ; les liens commenceront à s'user à peine formés et se rompront au premier choc. » Mais l'indissolubilité est un obstacle insurmontable dont la vue seule peut empêcher la passion de naître ou l'étouffer à sa naissance. Elle est, pour ainsi dire, un principe de résistance destiné à prémunir la vertu conjugale contre les sollicitations étrangères et à la défendre contre des attaques irrévérencieuses.

34. D'ailleurs, peut-on supposer qu'une nouvelle union sera plus heureuse que l'ancienne? Comme le disait fort justement Montesquieu, «c'est un grand malheur pour une femme d'être contrainte d'aller chercher un deuxième mari, lorsqu'elle a perdu la plupart de ses agréments chez un autre.» Et, d'un autre côté, quelle confiance un homme aura-t-il en une femme qui, par légèreté, a abandonné son premier mari? Quelles garanties une femme trouvera-t-elle avec un mari qui a délaissé le premier objet de ses affections? «Celui qui n'a pas fait le bonheur d'une première femme», affirme Chateaubriand, «qui ne s'est point attaché à son épouse par sa ceinture virginale ou sa maternité première, qui n'a pas su dompter ses passions au joug de la famille, qui n'a pu renfermer son cœur dans sa couche nuptiale, celui-là ne fera jamais la félicité d'une seconde épouse.»

35. Et cependant il peut arriver que des époux, dont l'un au moins est irréprochable, soient engagés dans une union qui ne leur promet que misères, déceptions, chagrins; on comprend quel doit être leur désespoir. «Que d'injustices commises et souffertes sous le manteau de la légalité! Que d'êtres

nobles et délicats mortellement atteints dès les premiers jours de la jeunesse! Est-il juste, peut-il être utile que l'époux de la femme adultère porte la honte au front...., que la femme aimante et chaste subisse à toute heure, avec l'affreuse pensée de l'irrévocable, le despotisme sans contrôle d'un mari vicieux, débauché, accepté plus souvent que choisi avant l'âge du vrai discernement?» — Non, répondrons-nous à cette plainte attendrissante de Daniel Stern, la loi n'est pas sans pitié pour le martyre d'époux trop malheureux : elle leur permet, en obtenant la séparation de corps, de briser une communauté d'existence devenue insupportable.

Cette nouvelle situation ne peut-elle leur suffire? Doit-on blâmer le législateur qui, connaissant les entraînements du cœur humain, veut respecter encore, alors que les conjoints, le plus souvent, l'ont indignement oubliée, la sainteté du serment qui les a unis, et leur laisse «une porte de retour»? — La passion seule peut s'insurger contre une telle sagesse, car elle seule souffre impatiemment tout frein apporté à ses convoitises; parce qu'elle voudrait toujours, malgré son indignité, trouver des plaisirs qu'elle ne rencontre plus dans le mariage. Mais heureusement la loi ne consulte ni le caprice, ni la passion et elle ne saurait, pour quelques exceptions, imposer dans le présent et dans l'avenir la menace corruptrice du divorce à une foule d'époux innocents. Elle peut s'apitoyer sur le sort de ceux qui se sont soustraits aux obligations du mariage, mais elle doit se garder de faiblesse. «Il y a des douleurs que la société est impuissante à guérir» : qu'on les dirige vers le bien; qu'on les mette au service du progrès. Si les époux, par inexpérience ou par écart d'imagination, ont voulu rompre la communauté de leur existence, eh bien, soit! qu'ils se séparent pour éviter de plus grands malheurs; mais, par respect de leur dignité, par pitié pour eux-mêmes et leurs enfants, qu'ils se rappellent les serments qui ont présidé à leur union. Qu'ils acceptent loyalement les conséquences de leur mauvaise fortune et qu'une fois séparés ils mettent tous leurs soins à réparer et oublier le passé en sanctifiant le présent : ils se prépareront ainsi un nouvel avenir qui, inauguré par une réconciliation sincère, fera luire encore à leurs yeux les beaux jours d'un mariage heureux!

Intérêt social. — 36. Si, comme nous venons de le voir, le divorce est contraire à l'intérêt des enfants et à celui des parents, il est évident qu'il méconnaît l'esprit de famille, qu'il en détruit l'unité et lui arrache les éléments de son bonheur et de son avenir. Et comme la société fonde son existence et sa stabilité, non sur les individus, mais sur la famille, sur cet être moral qui réunit et développe le mieux les forces individuelles ou collectives dans un but commun, il n'est pas moins certain que toute institution qui ruine la famille doit amener insensiblement la chute de l'Etat, nous pouvons donc en conclure que le divorce est nuisible au corps social tout entier. On nous montre, il est vrai, des nations où la loi admet le divorce, sans détriment apparent pour les mœurs. Mais, comme nous l'avons déjà dit, ou cette institution malsaine n'est pas exercée, et dès lors elle est inoffensive et inutile, ou bien on la met en pratique, et le mal qu'on croit ne pas exister subsiste pourtant et attaque secrètement les bases sociales, en attendant qu'elle les fasse chanceler.

37. Dans l'état de notre société actuelle, disent les partisans du divorce, il faudrait au moins permettre une dissolution temporaire qui ne subsisterait qu'autant que les mœurs seraient dissolues et qui disparaîtrait avec le retour à la vertu conjugale. Nous regardons, ajoutent-ils, le divorce comme un remède dangereux, soit! mais nous en demandons l'application dans les cas désespérés. «De nos jours, écrit M. Legouvé, la théorie de l'indissolubilité ne mine-t-elle pas le ménage mille fois plus que ne le ferait le divorce? Pour qui interroge les faits, il n'y a point de doute. Qui crée parmi le peuple tant de bigamies de fait? L'indissolubilité. Qui multiplie les enfants adultérins dans la famille? L'indissolubilité. Qui alimente la haine entre les époux? L'indissolubilité? Qui inspire des pensées de meurtre et parfois des meurtres allant jusqu'au massacre? L'indissolubilité. Quand un principe produit de tels effets dans une société, c'est qu'il est, ou radicalement mauvais, ou en désaccord avec les lois de cette société. Si ce sont nos mœurs et nos lois qui sont en lutte avec lui, il faut ou réformer mœurs et lois, ou modifier le principe de l'indissolubilité, et admettre l'institution temporaire du divorce.»

Le raisonnement est pressant, mais la conclusion trop hardie; car il ne s'en suit pas, parce que nos mœurs sont mauvaises, que nous devions réformer même momentanément des lois qui, se plaçant au-dessus des passions humaines, consacrent une institution se rapprochant, par son but, d'un idéal de grandeur et de justice. Comme le disait M. de Bonald, «nos mœurs sont corrompues; épurez les mœurs et ne faussez pas les lois.» Et, ainsi que l'a fait remarquer Ozanam, «le mauvais exemple des dérèglements que la société réprouve, des vices qu'elle punit quelquefois, qu'elle gêne toujours est bien moins dangereux que celui d'un désordre qu'elle autoriserait, même pour un instant, qu'elle protégerait, qu'elle offrirait comme un refuge aux âmes faibles, aux passions qui calculent.»

38. Si le mariage n'est plus aujourd'hui qu'un contrat d'argent, une association de cœurs indifférents et de membres sans vigueur qui négligent d'accomplir toutes les obligations que leur état leur impose; si le vice s'y est introduit comme au milieu d'une forteresse démantelée et en a chassé les traditions morales et religieuses qui seules peuvent fonder une union durable, ce n'est pas à l'indissolubilité qu'il faut s'en prendre, mais à de terribles ennemis qui cherchent plus que jamais à ravir à la famille son union, sa pureté, son bonheur.

39. Les idées de liberté et d'égalité qui, sous le drapeau démocratique, parcourent le monde, depuis bientôt un siècle, se sont fait jour au sein de la société domestique et, exagérant leur portée et leur influence, sèment, dans le cœur des époux entre eux et des enfants à l'égard de leurs parents, des ferments d'émancipation qui, les rendant moins solidaires les uns des autres, rompent peu à peu les liens qui les retenaient dans un cercle commun d'amour et de respect.

Ainsi, de prétendus défenseurs de la liberté individuelle, réclament le divorce, croyant trouver en lui le *criterium* de l'indépendance féminine; et ils oublient que la liberté dans le mariage c'est « le libertinage et le droit de ne pas tenir ses engagements. » Qu'ils portent donc ailleurs que dans la famille leur esprit réformateur! Qu'ils sachent que la vraie démocratie ne doit s'appuyer que sur la vertu et la justice pour mériter et conquérir la liberté, et qu'en tous cas, ils ne qualifient pas la loi du divorce de « démocratique » si, comme le disait Ozanam, « l'esprit de la démocratie est de maintenir l'égalité, de contenir les forts, de garantir les faibles.»

Sans doute, les pouvoirs du mari, les droits du citoyen sont plus grands que ceux de la femme; mais, si l'on veut fonder l'égalité entre eux, qu'on ne la réclame pas au nom d'une émancipation qui ne convient ni au caractère, ni aux destinées de la femme, dont le seul empire ne doit reposer que sur l'affection et la douceur. N'est-ce pas assez pour elle d'avoir conquis, par les lois, la disposition de ses biens et, par la corruption des mœurs, la liberté dans le désordre? Faut-il encore, en dépit de ses serments et de la dignité maritale, lui accorder la liberté dans le mariage? Eh bien! oui, cédons pour un instant à ce vœu de suprême émancipation; que verrons-nous? Le spectacle navrant des misères et des scandales de la société romaine à son déclin, là où la femme avait fini par perdre sa légitime influence d'épouse et de mère! En rejetant la douceur propre à son sexe, elle aspirait aux passions viriles. Elle devenait ambitieuse, elle luttait, dit

Tacite, comme les hommes et contre les hommes, par la fortune, le crédit, le vice et le crime. Elle se mêlait directement aux affaires de l'Etat et y apportait le venin de sa jalousie. Elle n'était plus la compagne soumise et confiante de l'homme; c'était la femme téméraire, hardie, aventureuse, perdant sa grâce féminine et qui voyant, un jour, que l'homme lui préférait encore la courtisane facile et temporaire, quitta, sans remords ni craintes, le refuge paisible du toit domestique pour se faire elle-même courtisane[1].

Voilà les tristes conséquences de cette théorie de la femme indépendante dans le mariage, qu'à plusieurs reprises on a tenté de soutenir en France, et qui, par bonheur, n'a rencontré jusqu'ici qu'indifférence ou mépris. Tant que notre esprit conservera, par habitude ou par tempérament, sa légèreté devenue presque proverbiale, tant que notre cœur, si facilement épris, n'aura point perdu de son inconstance et de sa mobilité, éloignons de nos mœurs déjà si chancelantes, éloignons de nos lois, l'institution du divorce qui, en consacrant une sorte de « polygamie successive », comme le disait Théodore de Bèze, ferait de la famille, non plus un sanctuaire mystérieux, où croissent toutes les vertus sous le soleil vivifiant de la modestie et du respect, mais une « grande école de prostitution légale. »

40. Depuis trop longtemps déjà, des théories, moins radicales que la précédente, mais aussi dangereuses, troublent la tranquillité de l'association

1. V. F. de Champagny, *Les Césars.*

conjugale : inutile de leur donner gain de cause et de leur apporter un couronnement suprême par l'introduction du divorce!

Ainsi, il n'est pas rare d'entendre aujourd'hui exalter les souffrances de la femme, au préjudice des sérieuses obligations que le mariage lui impose. On ne représente plus celui-ci comme une idylle, où les époux, dans leur jeunesse, chantent ensemble leur bonheur doux et noble et, plus tard, voient arriver sans crainte une vieillesse qui leur apporte, avec chaque ride, les joies du souvenir et celles de l'espérance : on cherche à recommander la passion et la volupté aux yeux de ceux même qui ont cherché dans le mariage un remède souverain à la passion et à la volupté. C'est alors que l'épouse « réduite à une seule affection » est prise en pitié et que sa vertu lui inspire à elle-même l'ennui, « l'ennui, selon M. Paul Janet, aigri par le désir, envenimé par le rêve de la liberté, l'ennui de la vie intime, de sa quiétude, de sa régularité, de sa simplicité; l'ennui de la servitude maternelle, l'ennui de la protection maritale, l'ennui du travail, des nobles anxiétés et des douleurs sanctifiantes, l'ennui enfin, d'où un jour naît la passion. » On oublie que c'est ailleurs que dans le mariage qu'il faut chercher la satisfaction de ses fantaisies capricieuses et ces joies passagères, véritables hochets que le moindre choc peut briser : l'union conjugale a des voies rudes et difficiles, où la souffrance se retrouve à tout instant, mais où la patience et la résignation, comme de salutaires flambeaux, éclairent le mieux les pas de l'homme dans la vie.

41. A la déification du vice se joignent encore, dans la famille actuelle, les ravages du luxe et un désir effréné de bien-être matériel ; à ce point que les maris ne demandent plus à leurs femmes qu'une vertu relative, pourvu qu'elles leur apportent une dot, et que les jeunes gens eux-mêmes, poussés par un funeste courant, ne consentent à se marier que quand lenr position sociale est améliorée.

Aussi est-il étonnant de voir les mariages, fondés sur l'indifférence, dégénérer bientôt en infidélité? Et dès lors, où trouver cette religion domestique qui puisse former le cœur des enfants et leur apprendre le respect de l'autorité et de la vieillesse ? Qu'on ne soit donc point surpris de voir le jeune homme « philosophe à quinze ans, et nul le restant de sa vie, » demander son émancipation et rechercher dans les folies bruyantes du monde le bonheur qu'il n'a pu trouver en famille ! Qu'on plaigne, sans trop le condamner, ce jeune cœur abandonné à lui-même qui croit pouvoir légitimer ses propres faiblesses par le souvenir ou l'exemple des égarements de ses parents ! Mais qu'on réforme au plus tôt les mœurs sociales en détournant les souffles dangereux qui tendent à les faire sombrer entièrement ; qu'on laisse au mariage et à la famille ses grandes traditions de vertu et d'unité ; qu'on en éloigne à tout jamais les idées d'indépendance et de divorce qui achèveraient d'enlever toute confiance dans le mariage et d'apprendre aux enfants la rébellion, en les livrant ensuite à l'abandon ; par là, l'Etat composé de familles unies et de citoyens vertueux, pourra marcher plus sûrement dans les voies d'une saine et forte civilisation.

42. Pour nous résumer, nous dirons donc que le principe de l'indissolubilité, s'il est impuissant à empêcher l'introduction dans la société domestique des idées de folle émancipation et à y arrêter les envahissements du luxe et du vice, peut du moins sauvegarder le dernier rempart de la dignité humaine et de la justice sociale en forçant l'homme à mettre un frein à l'instabilité de ses désirs, par le respect de son serment, en fixant le sort et l'avenir de la femme, en assurant enfin des pères et mères aux enfants. Il est, suivant Denys d'Halicarnasse, « la consécration de ce mariage où règne entre les époux une harmonie admirable produite par l'union indivisible de tous les intérêts. Considérant la nécessité inévitable qui les lie, ils abandonnent toutes les voies étrangères à cet établissement. Ainsi, cette loi qui oblige absolument les femmes à s'accommoder à l'humeur de leurs maris, n'oblige pas moins les hommes à traiter leurs femmes comme des compagnes nécessaires : il en résulte qu'une femme sage et vertueuse partage l'autorité domestique et est aussi maîtresse dans sa maison que son époux lui-même. »

DU DIVORCE

EN DROIT ROMAIN

43. « *Omne quod ligatur solubile est,* » disaient les Romains : tout ce qui est lié peut être délié. Nous ne trouvons donc pas, dans leur droit, le principe de l'indissolubilité du mariage ; mais nous y voyons inscrite et réglée l'institution du divorce [1]. C'est à en étudier les conditions et les effets que nous allons consacrer cette partie de notre étude qui complètera ainsi, sous un de ses côtés les plus saillants, l'esquisse que nous avons présentée, à la fin de notre *Essai préliminaire*, sur la condition de la femme romaine.

Nous nous proposons d'examiner successivement par qui, dans quels cas, comment et avec quelles conséquences le mariage, à Rome, pouvait être dissous par le divorce.

1. Il y a dans les textes deux expressions pour désigner le divorce, *repudium* et *divortium*. Le premier mot s'applique aussi bien aux fiançailles qu'au mariage, tandis que le second n'a trait qu'aux noces déjà contractées. *Divortium* s'oppose encore à *repudium* dans un autre sens : il indique de la part des époux un consentement mutuel à se quitter ; la répudiation, au contraire, n'a lieu que de la part du mari. Enfin, *repudium* signifie aussi l'*instrumentum* constatant le divorce.

CHAPITRE Ier

QUI POUVAIT ROMPRE LE MARIAGE?

44. Romulus avait fait une loi qui, en défendant aux femmes de quitter leurs maris, autorisait les maris à répudier leurs femmes, mais dans certains cas prévus[1]. L'époux faisait alors comparaître sa femme le plus souvent devant le tribunal domestique; si sa plainte était légitime, la répudiation avait lieu, et il gardait la dot. On comprend qu'à ce prix la pureté des mœurs se soit longtemps maintenue et il ne faut pas s'étonner de lire dans Denys d'Halicarnasse: « Romulus rendit indissoluble le lien qui unit les époux dans une même famille; il n'y avait rien qui fût capable de corrompre le mariage[2].» La pauvreté, l'isolement de chaque famille à la campagne, le joug de fer qui retenait les épouses à leur foyer, devaient, entre autres causes, rendre les désordres et, partant, les répudiations fort rares, à l'origine du peuple romain.

Une loi de Numa permettait au mari qui avait un nombre suffisant d'enfants de céder momentanément ou pour toujours, sa femme à un ami, pour que celui-ci en eût à son tour une postérité. Cette singulière disposition s'explique, on le sait, par la nécessité religieuse où se trouvait tout chef de famille de laisser à sa mort un héritier chargé de continuer les tradi-tions et les sacrifices domestiques.

1. Plutarque, *Vie de Romulus*, 22.
2. Denys d'Hal., II, 25.

45. Il est difficile de préciser le temps que dura cette législation. Toujours est-il qu'au dire de Cicéron[1], la loi des XII Tables (303 R. F.) s'occupait de la répudiation. Au reste, cette loi, permettant à la femme, au cours de l'*usus*, d'échapper à la *manus* de son mari par une absence de trois nuits ouvrit une large voie à ce que l'on nomme « les mariages libres » et rendit ainsi plus facile la rupture du lien conjugal par le divorce.

Pothier pense que la loi décemvirale concédait au mari un droit de répudiation arbitraire. Suivant Montesquieu, le pouvoir de divorcer donné à la femme n'était qu'une loi athénienne transplantée à Rome et insérée aux XII Tables : « Comme la loi d'Athènes, dit-il, donnait à la femme, aussi bien qu'au mari, la faculté de répudier et que l'on voit que les femmes obtinrent ce droit sur les premiers Romains, nonobstant la loi de Romulus, il est clair que cette institution fut une de celles que les députés de Rome rapportèrent d'Athènes, et qu'elle fut mise dans les lois des XII Tables[2]. » Outre que la députation dont parle Montesquieu est très-problématique, son affirmation, ainsi que celle de Pothier, sont toutes deux gratuites. Si l'on veut n'avancer rien que de certain, il faut s'abstenir et répéter cette phrase de M. Hugo : « Il est parlé du divorce dans les XII Tables ; mais on ignore ce qu'elles en disaient. »

Les mœurs et la coutume ici, comme d'ordinaire, durent probablement devancer la loi et c'est ce qui explique le silence des historiens sur l'époque où le droit de divorcer fut légalement reconnu aux femmes.

1. Cicéron, *Philipp.*, II, 28.
2. Montesquieu, *Esp. des Lois*, XVI, 16.

La loi des XII Tables avait porté un grand coup au mariage romain et donné carrière à l'influence croissante des femmes et aux désordres qui en étaient la suite. « La société, dit Sénèque, est comme une voûte : qu'une pierre se détache, l'édifice croule. » Le défaut de soumission des épouses provoqua la licence des maris et en reçut une violente excitation ; et c'est ainsi que les répudiations amenèrent la femme dans le mariage libre qui devint le plus usuel, à réclamer de son père aide et divorce, en attendant qu'elle-même, foulant aux pieds ce dernier recours jugé inutile, s'arrogeât le droit de divorcer [1].

Tout n'est cependant pas invraisemblable dans l'assertion de Montesquieu. Il se peut, en effet, que les décemvirs aient augmenté les causes de répudiation. Aussi bien, en permettant à la femme d'interrompre l'*usus* par une absence de trois nuits, ils firent sortir la société domestique du despotisme où elle se trouvait auparavant. Malheureusement, celle-ci tomba dans l'anarchie ; et quand s'y introduisirent les exemples des Grecs, c'en fut fait de la vertu conjugale. C'est en ce sens qu'on peut avancer que le divorce vint d'Athènes. On doit, d'ailleurs, remarquer que l'importation des idées grecques à Rome était contemporaine de la décadence des mœurs et « que les vieux Romains confondaient toutes ces innovations dans une haine commune : *Græci vitiorum omnium genitores.* »

46. Longtemps on a pensé que la femme *in manu mariti* ne pouvait répudier son époux. Mais le con-

1. Plaute, *Mercator*, v. 776 et suiv. ; Montesquieu, *Esp. des lois*, XXVI, 3.

traire est aujourd'hui démontré. Cicéron nous apprend, dans son discours *Pro Murena*, qu'une femme qui, restée la dernière dans sa famille, était seule chargée des *sacra privata*, prenait un expédient très-simple pour s'en débarrasser : elle n'avait qu'à épouser un vieillard pauvre et à faire avec lui une *coemptio fiduciæ causa ;* elle passait ainsi sous sa *manus* et lui transmettait les *sacra privata ;* cela fait, elle le répudiait en recouvrant ses biens et en lui laissant le soin du culte domestique, moyennant salaire. Vieux, il ne tardait pas à mourir ; pauvre, il mourait sans héritier, et ainsi les *sacra* mouraient avec lui. Du reste, la découverte des commentaires de Gaius a dissipé tous les doutes. Il y est dit, en effet (C. 1, § 137) que la femme *in manu* pouvait, en envoyant le *repudium* à son mari, l'éloigner d'elle, comme si elle n'avait jamais été mariée. On avait trouvé, du reste, des moyens ingénieux de rompre les unions contractées avec les formes les plus solennelles.

47. Il restait peu de chose des anciens principes : les femmes ne se mariaient plus guère en observant les anciennes traditions, et celles qui le faisaient, trouvaient le moyen de ne rien aliéner de leur indépendance. Un seul mariage resta toujours indissoluble : celui du flamine de Jupiter. D'après Aulu-Gelle, il n'était brisé que par la mort ; et Plutarque nous apprend que ce fut Domitien qui le premier autorisa le divorce d'un flamine.

48. Dans l'ancien Droit romain, le père de famille pouvait dissoudre le mariage de son fils ou de sa fille en puissance, malgré les conjoints. Cet attribut

de la *patria potestas*, que ne partageait pas la mère de famille et qui semble aujourd'hui si exorbitant, était quelquefois un frein pour le mari et une protection pour la femme. On peut en voir des exemples dans Plaute[1] et Afranius[2], qui montrent en même temps les abus que ce pouvoir entraînait. Mais ces excès, devenus fréquents, alors qu'à Rome la vénalité eût tout corrompu et que les pères brisaient le mariage de leurs filles afin de reprendre la dot qu'ils avaient constituée, étaient mitigés par le droit donné à celles-ci de paralyser, en ne s'y associant point, l'action en restitution de la dot.

49. On a soutenu que les filles seules, au temps des jurisconsultes, avaient besoin, pour divorcer, du consentement de leurs pères. Les poëtes, dit-on, quand ils parlent du pouvoir qu'avait le père de famille de rompre le mariage, ne semblent prendre en pitié que les filles; toutes les lois, au Digeste et au Code, qui mentionnent le consentement du père au divorce, supposent qu'il est question d'une fille. Cette opinion nous semble inconciliable avec les principes sur lesquels reposait la *patria potestas*, encore en vigueur sous les jurisconsultes et même à l'époque de Justinien[3]. En effet, le consentement du père était nécessaire pour qu'il y eût *justæ nuptiæ*[4]; or, il paraît naturel que ce consentement intervînt aussi pour les dissoudre. De plus, il aurait été contraire à la discipline domestique de la fa-

1. Plaute, *Mercator*, *Stychus*.
2. Afranius, *De divortio*.
3. Just. *Inst. Per quas pers. adq.* II. 9.
4. L. 2, D. *De ritu nupt.*; L. 2, D. *De sponsal.*

mille qu'un fils ait pu sans l'agrément du père, renvoyer de sa demeure l'épouse que celui-ci l'avait autorisé à y amener. Enfin, il résulte de la loi 32 § 19, D. *De donat. int. vir. et ux.* XXIV, 1, que le père pouvait faire divorce du mariage de son fils *in potestate*, et Paul dit formellement que c'est Antonin-le-Pieux qui défendit au père de contraindre au divorce le fils et la fille [1]; donc auparavant, le fils comme la fille pouvaient être forcés de divorcer par la volonté du père; et si ce dernier pouvait divorcer pour son fils, le fils, à son tour, ne devait pas pouvoir divorcer sans le consentement du père. Il est vrai qu'au Digeste et au Code les lois ne parlent que des filles; mais c'est parce que la question se présentait surtout à cause d'elles : le père mariait sa fille en la dotant; il voulait faire un bénéfice en recouvrant cette dot, et alors il dissolvait le mariage [2].

Auguste usa du droit qu'avait le père d'envoyer le *repudium* au mari de sa fille, en rompant le mariage de Tibère et de Julie. Caligula, qui se considérait sans doute comme le père de tous ses sujets, envoya le *repudium* à plusieurs femmes, au nom de leurs maris absents, « espérant ainsi, dit Suétone, tenter plus sûrement leur pudeur. »

L'émancipation seule dispensait le fils et la fille d'obtenir le consentement du père, quand ils voulaient divorcer.

50. Lorsque le père n'avait pas la *potestas* sur son fils ou sur sa fille, il pouvait faire considérer leur

1. Paul, *Sent.*, V, 6, § 5.
2. V. Marezoll, traduction de M. Pellat, § 168.

divorce comme non avenu à son égard. Cela résulte de la loi 5, D. *De div. et repud.* XXIV, 2, que l'on ne peut comprendre qu'en se rappelant les principes sur la dot profectice. C'était celle qui était fournie par le père et qui lui faisait retour, si la fille, même émancipée, mourait pendant le mariage ou était prise par l'ennemi[1]. Quand la fille mourait après la rupture de son union, la dot profectice passait à ses héritiers[2]. Or, voici, paraît-il, la fraude qui se produisait. Une femme, ayant reçu une dot de cette nature, tombe malade et son mari envoie le *repudium*, afin que cette dot revienne aux héritiers de la femme plutôt qu'au père, en cas de mort. Ulpien dans la loi 5, permet au père de redemander la dot comme si la femme était décédée durant le mariage. Dioclétien, dans la loi 3, C. *De rep.*, donne le même droit à l'individu qui a constitué une dot, en stipulant qu'il pourrait la répéter : « *ut quæ contra fas gesta sunt*, dit-il, *fructum calliditatis obtinere non possint.* »

Justinien, en donnant au père, non plus un secours de droit prétorien, mais une garantie de droit civil, introduisit dans cette hypothèse, une réelle et précieuse innovation (Nov. XXII, ch. 19).

51. Le consentement d'un ascendant, soumis à la même puissance que son fils ou sa fille, était-il nécessaire pour la rupture de leur mariage? Quant à la fille, il lui suffisait d'avoir le consentement de l'aïeul sous la puissance duquel elle se trouvait, parceque la

1. L. 10, D. *Solut. matr.*; L. 5, § 1 et § 2, D. *De jure dot.*; L. 6, D. *De jure dot.*

2. L. 59, D. *Solut. matr.*

volonté de son père n'ayant aucun effet sur la validité de son mariage, cette même volonté ne pouvait le briser. Il en était différemment pour le fils. Il lui fallait, pour se marier, le consentement de son père et de son grand'père, par application de la règle : *nemini invito heres suus agnascitur* [1]. Il semble donc naturel de supposer que le consentement de ses deux ascendants lui était encore nécessaire pour dissoudre le lien conjugal.

Sous Justinien, qu'ils fussent émancipés ou non, le fils et la fille ne pouvaient envoyer le *repudium* sans l'autorisation de l'ascendant qui avait donné ou reçu, à l'occasion de leur mariage, une dot ou une donation *propter nuptias*. L'empereur attribue cette disposition à Marc-Aurèle et ajoute qu'elle a été confirmée par Dioclétien (Nov. XXII, ch. 19).

52. Le patron, ayant sur son affranchi des droits analogues à ceux du père sur le fils de famille, pouvait rompre le mariage de son affranchi [2]. Il est donc probable que celui-ci, lorsqu'il voulait divorcer, devait obtenir son consentement.

53. Quand la *patria potestas* et le pouvoir du patron vinrent à s'affaiblir, le père et le patron perdirent la faculté qu'ils avaient de rompre le mariage de ceux qui étaient en leur puissance. Antonin-le-Pieux et Marc-Aurèle n'admirent plus cette rupture que pour de justes motifs et dans l'intérêt des fils de famille, de la fille et de l'affranchi [3]. Dioclétien et Maximien permirent à une fille exhérédée d'inten-

1. L. 16, § 1, D. *De ritu nupt.* Inst. I, XI. 7.
2. Paul, *Sent.*, V, 6, § 15.
3. Paul, *Sent.*, V, 6 ; L. 5, C. *De repud.*

ter la *querela inofficiosi testamenti,* parce que l'exhérédation avait pour cause le refus de la fille de se séparer de son mari[1]. Mais le père conserva le droit d'envoyer le *repudium* au fiancé de sa fille non émancipée[2].

54. A plus forte raison, la mère ne pouvait-elle contraindre sa fille à divorcer[3], et dans la loi 5, C. *De instit. et substit.* VI, 25, on voit Gallien et Valérien blâmer sévèrement la conduite d'une fille qui avait divorcé pour exécuter une condition écrite dans le testament de sa mère.

55. L'époux en démence ne pouvait divorcer, ni par lui-même, ni par son curateur, parce qu'il fallait l'expression même de la volonté de celui qui devait envoyer le *repudium.* Mais le père pouvait, dans ce cas, *nunciun mittere,* si son fils ou sa fille était sous sa puissance[4].

56. La loi Julia *De maritandis ordinibus* défendait à l'affranchie de répudier son patron, tant qu'il voulait la conserver pour femme. Cependant elle pouvait, en fait, dissoudre son union, mais alors elle n'avait pas d'action pour recouvrer sa dot et elle perdait le droit de se remarier tant que son patron voulait l'avoir comme épouse. Julien pense même qu'elle ne pouvait se donner en concubinat. Cette défense de divorcer ne s'appliquait pas aux fiançailles[5].

1. L. 18, C. *De inof. test.*
2. L. 10, D. *De sponsalibus.*
3. L. 4, C. *De repud.*; V, 17.
4. L. 4. D. *De div. et repud.*; XXIV, 2, L. 22, § 8. D. *Solut. matr.*
5. L. 11, D. *De div. et repud.*; L. 51. D. *De ritu nupt.* et L. 45, *Eod. tit.*; Ulp. *Reg.* § 2; L. 1, D. *Unde vir et uxor.*

On entendait ici par affranchie l'esclave qui avait été achetée par son maître, puis affranchie, et non pas celle qui avait dû sa liberté à un fideicommis; dans ce cas, en effet, le devoir de la reconnaissance était moins impérieux.

La règle de la loi Julia s'appliquait-elle à l'affranchie, non plus mariée avec son patron, mais vivant près de lui en concubinage? L'affirmative résulte de la loi 1, pr. D. *de concubinis*, XXV, 7; mais Ulpien suivait une décision contraire, « *quippe cum honestius sit*, dit-il, *patrono libertam concubinam, quam matremfamiliam habere.* »

La loi ne voulait pas que l'affranchie divorçât, *invito patrono*, parce que « *invitum accipere debemus eum qui non consentit.* » Mais s'il était prisonnier, Ulpien décidait qu'elle pouvait se remarier comme s'il était mort; Julien, au contraire, pensait qu'elle n'avait pas le *connubium* « *propter reverentiam patroni* [1].» Il ne s'agissait là que de la captivité *apud hostes*. Toute autre servitude du patron rendait à son affranchie, qu'il avait épousée, la faculté de se remarier.

Ce droit appartenait encore à l'affranchie, quand son patron manifestait expressément ou tacitement le désir de rompre le mariage, par exemple, quand il intentait contre elle l'action *rerum amotarum* qui ne devait s'exercer qu'après le divorce, quand il l'accusait d'adultère, quand il se mariait ou se fiançait avec une autre femme, ou bien quand il prenait une concubine [2].

1. L. 45, §§ 5 et 6, D. *De ritu nupt.*
2. L. 11, D. *De div. et repud.*

La loi Julia s'appliquait-elle à l'affranchi marié avec sa patronne? Nous ne le pensons pas, car cette loi ne devait pas favoriser cette sorte d'union, où une ingénue abdiquait la prépondérance que lui assuraient les rapports de patronage. On appliquait donc ici le droit commun; et, d'ailleurs, la loi 1, D. *De concubinis*, permettant à l'affranchie de quitter son patron, dont elle était la concubine, pour être l'épouse ou la concubine d'un autre, prouve que le sens de la loi Julia ne doit pas être étendu [1].

CHAPITRE II

DES CAUSES DU DIVORCE

57. Nous avons vu, au chapitre précédent, que Romulus avait permis aux maris de répudier leurs femmes, dans certains cas seulement; c'étaient : quand la femme était accusée d'adultère, quand elle s'était fait avorter, ou, selon une autre interprétation, quand elle s'était rendue coupable d'empoisonnement, quand elle avait abandonné le domicile conjugal, enfin quand elle avait bu du vin. Les anciens regardaient l'ivrognerie comme aussi grave que l'adultère, parce qu'elle y conduit; la femme devait présenter les lèvres à ses proches, afin que son haleine la dénonçât, si elle avait bu du vin fermenté [2]; et Pline nous apprend qu'Egnatius Métel-

1. L. 2, D. *De inj. et fam. libel.*

2. Plutarque, *Vie de Romulus;* Denys d'Hal., t. II ; Val. Max. II, t. 4.

lus, ayant surpris sa femme qui buvait au tonneau et l'ayant, pour ce fait, tuée à coups de bâton, fut absous par Romulus.

58. Les mœurs des premiers Romains étaient, on le sait, extrêmement sévères, et l'on a souvent répété que, chez eux, aucun cas de divorce ne s'était présenté pendant plus de 500 ans. Carvilius Ruga aurait été le premier à en donner l'exemple, en l'année 520 de la fondation de Rome, selon Denys d'Halicarnasse et Valère Maxime. Cependant, nous lisons dans Plutarque «qu'en l'espace de 230 ans il n'y eut pas un homme qui osât quitter sa femme, pas une femme qui osât quitter son mari; que tous les Romains savaient quel fut celui qui répudia sa première femme, que ce fut un certain Carvilius.» Et Aulu-Gelle, rapportant ce fait, assure que Carvilius aimait sa femme; mais qu'ayant juré aux censeurs qu'il s'était marié pour avoir des enfants, il avait cru devoir la répudier, pour cause de stérilité, afin d'échapper lui-même au parjure.

Indépendamment de la contradiction des auteurs précédents sur l'époque où eut lieu le divorce de Carvilius, nous ne pensons pas que cette institution ait été absolument hors d'usage chez les premiers Romains, dont les législateurs paraissent s'en être occupés à plusieurs reprises. «Il suffit, dit Montesquieu, de connaître la nature de l'esprit humain, pour sentir quel prodige ce serait que, la loi donnant à tout un peuple un droit pareil, personne n'en usât.» Comment supposer, d'ailleurs, s'il n'y avait eu aucun cas de répudiation avant celui de Carvilius, que les Romains, irréprochables dans leur fidélité conjugale durant plus de cinq cents ans, se soient tout d'un coup métamorphosés au point de rendre ensuite les divorces presque aussi fréquents que les mariages [1]? Un peuple entier ne saurait, par une transformation instantanée de ses mœurs, passer ainsi d'un extrême à un autre. L'histoire vient elle-même corroborer notre opinion, car nous voyons dans Valère-Maxime que Sempronius Sophus, préteur en 470, répudia sa femme pour avoir été au spectacle à son insu; et quelque temps auparavant, vers l'an 447, les censeurs avaient exclu du Sénat Lucius Antonius, qui avait renvoyé sa jeune femme sans prendre conseil de ses amis [2]. Peut-on croire raisonnablement que de tels exemples, proposés par des hommes importants dans l'Etat, n'aient pas été quelque peu contagieux? Toujours est-il que le divorce de Carvilius, «quoiqu'il parût déterminé par une raison tolérable, dit Valère-Maxime, ne pût éviter le blâme des Romains, qui ne pensaient pas que le désir même d'avoir des enfants dût être préféré à la foi conjugale.» En se servant de son serment comme d'un prétexte pour arriver à la répudiation, Carvilius inaugurait un nouveau système de divorce à peu près arbitraire, inconnu jusque-là des Romains, et qui, en un certain sens, «pouvait, selon M. Klenze, le faire à bon droit considérer comme le premier, puisqu'il méprisait le premier les règles qui limitaient le pouvoir du mari et ouvrait ainsi un champ libre à la séparation des époux. Le peuple oublia les anciennes règles et rattacha à Carvilius le

1. Sénèque, *De providentia*, ch. III.
2. Liv. II, ch. IX.

point de départ de la nouvelle doctrine, comme cela a lieu d'habitude dans l'histoire où l'on choisit un événement au-delà duquel les investigations deviennent superflues.»

59. Il fallait donc, à l'origine, une cause légitime au divorce, et Festus nous dit même que le *repudium* était ainsi nommé parce qu'il était la conséquence d'une action blâmable, *ob rem pudendam*. Mais plus d'un siècle et demi avant la fin de la République, la faculté de briser capricieusement les liens du mariage ne connaissait plus de bornes. Il était loisible, soit à l'un des époux de répudier l'autre, soit à tous deux de se quitter *mutuo consensu* [1]. Peut-être les femmes, en ce point, n'arrivèrent-elles pas immédiatement à l'égalité absolue : «Les grandes révolutions ne s'accomplissent pas en un jour.» C'est ce qui fait que M. Blondeau, dans sa *Chrestomathie*, soutient que les causes de répudiation n'étaient pas les mêmes pour la femme que pour le mari; et c'est aussi ce qui explique certaines plaintes que Plaute met dans la bouche de Syra [2]. Cependant le jour vint où les femmes «recoururent au divorce avec non moins de passion et avec plus de malice que les hommes.»

On divorça non-seulement pour stérilité, adultère, incompatibilité d'humeur, mais pour une infirmité passagère, pour cause de vieillesse et quelquefois moins que cela. Ainsi Sulpicius Gallus répudia sa femme parce qu'elle était sortie tête nue; et Antistius Verus éloigna la sienne parce qu'elle avait causé

1. Heineccius, VI, § s 36 ; L. 35, D. *De reg. jur.*
2. Plaute, *Mercator*, IV, 5.

dans la rue avec une affranchie mal famée. Paul-Emile renvoya la belle et sage Papyria, selon Plutarque, sans autre raison que celle-ci donnée à ses amis fort étonnés : «Ma chaussure me fait mal; nul ne sait que moi où elle me blesse.» Sylla rompit son mariage avec Cécilia pour épouser Metella. Pompée répudia sa femme pour s'unir à Emilie, fille de Sylla, qui était mariée et enceinte. César renvoya la sienne sur le simple soupçon d'adultère [1]. Cicéron lui-même, dans un âge avancé, se sépara de Térentia pour un motif des plus puériles, afin de prendre pour femme une jeune fille très-riche.

Comme nous le verrons plus tard, le mari gardait la dot quand il répudiait sa femme à cause de ses mauvaises mœurs; aussi il arrivait souvent qu'on se mariait à une femme déréglée, afin de la renvoyer à la première occasion et de conserver sa dot [2].

Caton d'Utique se distingua par un trait de générosité qui rappelle la singulière loi de Numa, sur la *transmissibilité* des épouses. Il céda sa femme Marcia, avec le consentement de Philippe, son beau-père, à son ami Hortensius, le célèbre orateur, qui la lui avait demandée, bien qu'elle fût enceinte. Celui-ci vécut avec elle jusqu'à sa mort et lui laissa tous ses biens; Caton la reprit ensuite, ce qui faisait dire à César : «Il a prêté sa femme jeune pour la reprendre riche [3].»

Il y a plus, Cicéron nous apprend «que les épouses ayant acquis le droit de divorcer, même en l'ab-

1. Napoléon, *Hist. de Jules César*, II, ch. 1 et 5.
2. Val. Max. VIII, 2.
3. Plutarque, *Cato min.*, 25.

sence de leurs maris, il arriva à plus d'un de ne plus retrouver, au retour d'un lointain voyage, la femme qu'il avait laissée à la maison [1].»

Nous n'en finirions pas, si nous voulions montrer plus en détail à quel point les femmes, ayant en main l'arme dangereuse du divorce, devinrent arrogantes et vicieuses. Et pourtant, au milieu de la grande orgie romaine, on conservait une sorte d'admiration pour le principe de l'indissolubilité du mariage; et le plus bel éloge qu'on pût encore faire à une femme était d'inscrire sur sa tombe: *Conjugi piæ, inclytæ, univiræ.*

60. C'est à Auguste qu'il faut rapporter les principales modifications que reçut l'institution du divorce; mais elles n'avaient pas trait aux causes de répudiation. Suétone nous dit en effet: « *Augustus divortiis modum imposuit.*» Cependant, la vertu qu'il exigeait de ses sujets, il ne l'avait guère pour lui-même, non plus que son favori Mécène. Tandis que l'empereur abusait de son pouvoir pour se faire livrer les épouses des principaux citoyens, le ministre répudiait sa femme, puis la reprenait et la répudiait encore, ce qui faisait dire « qu'il s'était marié mille fois, bien qu'il n'eût eu qu'une seule femme. » Quand le désordre s'asseyait ainsi sur le trône des Césars et que l'impudicité se faisait la compagne des grands, il ne fallait pas espérer voir la licence et la corruption abandonner de sitôt le corps social.

61. Heureusement, le christianisme, poursuivant

5. Cicéron, *Ep. fami.*, VIII, 7; *Pro Cluentio.*

la réforme du genre humain, vint attaquer le divorce et en arrêter les plus scandaleux abus. C'est en vain qu'on a essayé de lui dénier toute influence sur les destinées du droit romain et d'attribuer les constitutions des empereurs chrétiens eux-mêmes à la seule inspiration de la philosophie et de la morale païennes. Il est évident que le catholicisme a prêté à la loi romaine son esprit libéral et vraiment humain, comme les législateurs païens lui avaient communiqué une force, une rectitude de style qui s'imposaient à tous les esprits de même que les armes romaines s'imposaient à toutes les nations. Et il faut reconnaître que c'est du concours de ces deux doctrines opposées, se corrigeant et se complétant mutuellement, qu'est résultée la suprématie du droit romain jusque dans les temps modernes [1].

C'est ainsi que nous voyons Modestin donner, presqu'à l'époque où vivait Tertullien, une définition du mariage qui montre quel effet avait déjà sur le droit la morale chrétienne, et qui ferait croire que le lien conjugal était alors indissoluble : *Consortium omnis vitæ*, disait-il, *individuæ vitæ consuetudo, divini et humani juris communicatio* [2]. Mais ce n'était là qu'une aspiration vers un meilleur avenir, puisqu'en fait le divorce recevait encore de fréquentes applications.

62. Alexandre Sévère (230 ap. J.-C.) qui aimait les doctrines du Christ, auquel il rendait un culte journalier, fit faire à la législation un pas dans la

1. V. Troplong, *De l'influence du Christianisme sur le droit civil des Romains.*

2. L. 1, D. XXIII, 2 ; Tite-Live, I, 9.

voie du progrès, en décidant que le mariage ne serait plus dissous forcément, ni par la déportation, ni par l'interdiction du feu et de l'eau, prononcée contre le mari, si sa femme lui conservait son affection [1].

63. Constantin n'osa proscrire le divorce, mais il essaya de réagir contre cette plaie de la société. En 331, il rendit une constitution qui défendait aux époux de se séparer pour une coupable fantaisie et réduisit à trois seulement les causes de répudiation : c'étaient, pour le mari, l'empoisonnement, l'homicide, et la violation des tombeaux ; pour la femme, l'adultère, l'empoisonnement et le métier de proxénète. Il ne faut pas s'étonner que Constantin ait maintenu le divorce, car «avant de convertir les institutions, dit M. Troplong, il fallait s'attacher surtout à convertir les cœurs. Les révolutions ne sont réellement mûres que quand les idées et les faits sont analogiques. Le paganisme s'était profondément attaché à la société. Négligé comme culte, il vivait dans les mœurs. Plus d'un chrétien par la foi était encore païen par les habitudes civiles et domestiques. Or, rien ne commande au législateur plus de modération et de sagesse que cette puissance de mœurs qui résiste violemment quand on essaie de la briser.» Sous la législation de Constantin, le nombre des divorces diminua, mais sans cesser d'être effrayant ; ainsi saint Jérôme rapporte avoir vu un homme vingt et une fois marié, conduire au tombeau sa femme qui avait eu vingt-deux maris !

Dans l'ancien droit, la milice, qui ne durait pas

1. L. 1. C. *De repud.*

moins de vingt ans, était une cause de divorce *bona gratia*. Au temps de Constantin, la femme du militaire en expédition pouvait se remarier, quand elle était restée cinq ans sans nouvelles [1], et après avoir rempli certaines formalités.

64. Honorius prohiba (421), comme l'avait fait Constantin, le divorce par consentement mutuel, mais le permit pour causes légères. Une constitution de Théodose-le-Jeune et de Valentinien III abrogea celles des deux empereurs précédents et restitua l'ancienne liberté du divorce. Mais, dix ans plus tard (449), cette constitution fut rapportée par ceux-là mêmes qui l'avait promulguée ; les causes de divorce furent spécifiées : c'étaient quand le mari avait commis un adultère, lorsqu'il s'était rendu coupable d'homicide, d'empoisonnement, de conspiration, de violation de sépulture, de vol sacrilége ou autre, de recel de voleurs, de détournement d'hommes ou d'animaux ; quand il était condamné pour faux ; quand il souillait sa maison en y recevant, sous les yeux de son épouse, des femmes débauchées ; lorsqu'il attentait à la vie de sa femme par le poison, le fer ou autrement, enfin, quand il la battait de verges, châtiment indigne d'une ingénue. C'étaient, d'autre part, les cas où la femme commettait un adultère, un empoisonnement, un homicide, une violation de tombeaux, un sacrilége ; lorsqu'elle était complice de voleurs ; lorsque, malgré son mari, ou à son insu, elle dînait avec des étrangers ; quand elle passait la nuit hors de la maison

1. L. 61, D. *De don. int. vir. et uxor.* ; L. 7, C. *De repud.*

conjugale ou allait au théâtre ; lorsqu'elle attentait aux jours de son époux ; quand elle était accusée de faux ou trempait dans une conspiration. En 497, Anastase rétablit le divorce par consentement mutuel. — Le spectacle de tant de variations dans les lois, pour restreindre ou accroître la facilité du divorce, prouve combien était longue et tourmentée la lutte entre les mœurs païennes et la morale chrétienne.

65. Arrivons à la législation de Justinien. Le Code mentionne de nouvelles causes de divorce : l'impuissance prolongée pendant deux ans, l'avortement volontaire, l'inconduite de la femme qui va aux bains, *cum libidinosis viris*, ou qui, sans être veuve, aspire à un autre mari. Mais, pour connaître la liste complète des cas de répudiation sous le règne de cet empereur, il faut se reporter aux Novelles XXII et CXVII. Voici celles qui donnaient au mari le droit d'envoyer le *repudium* : 1° la complicité de la femme dans un complot contre l'Etat, ou son silence gardé à ce propos, vis-à-vis de son mari ; 2° l'adultère ; 3° l'attentat contre la vie de son époux ou le silence gardé sur le danger couru par ce dernier ; 4° un repas ou un bain pris avec des étrangers, malgré le mari ; 5° la présence de la femme au spectacle, à l'insu de son mari ou malgré ses ordres ; 6° son absence du domicile conjugal, ailleurs que chez ses parents, et alors que l'époux n'était pas la cause de cette absence.

La femme pouvait divorcer : 1° lorsque son mari conspirait contre l'Etat ou gardait le silence sur un complot ; 2° lorsqu'il avait attenté aux jours de sa femme ou ne l'avait pas prévenue d'un danger qui la menaçait; 3o quand il avait voulu la prostituer; 4o lorsqu'il l'avait faussement accusée d'adultère; 5o lorsqu'il avait entretenu au domicile conjugal ou fréquenté, dans la même ville, une femme étrangère, sans tenir compte des avis de ses parents, ou des parents de sa femme, ou d'autres personnes dignes de foi.

La démence n'était une cause de divorce que quand elle était dangereuse et qu'elle ne laissait aucun espoir de guérison [1].

On a vu plus haut que Constantin permettait à la femme du militaire en expédition de se remarier, quand elle n'en avait pas reçu de nouvelles pendant quatre années. Justinien, dans la Nov. XXII, ch. 14, exige qu'il se soit écoulé dix ans, pendant lesquels cette femme a dû écrire à son mari ou lui faire donner verbalement de ses nouvelles, car, dit la loi : « *actibus bellicis occupato marito, uxoris privationem inferre non minor est pœna, quam ab hostibus capi.* » A l'expiration des dix années, le mari devait avoir renoncé ouvertement à son mariage ou gardé un silence absolu. — Mais plus tard, dans la Nov. CXVII, l'empereur décréta que le lien conjugal du militaire absent ne serait jamais brisé, bien que sa femme restât sans nouvelles. Toutefois, si la mort de son mari se répandait, elle pouvait se remarier après avoir accompli certaines formalités, avoir attendu un an et obtenu l'autorisation de l'empereur. Autre-

1. V. L. 16, § 2. D. XXIII, 2; L. 4, D. XXIV, 1; L. 22, § 7, D. XXIV, 3.

ment, elle était considérée comme adultère avec son nouveau mari.

Une constitution de Théodose autorisait la femme à demander le divorce quand son mari l'avait frappée de verges. Justinien abrogea cette disposition: un pareil outrage n'entraînait plus qu'une forte amende.

L'impuissance, l'entrée en religion, la captivité, la servitude étaient des modes de dissolution du mariage *bona gratia*. Parfois les époux divorçaient à l'amiable et réduisaient à la mendicité leurs enfants abandonnés. Justinien (Nov. CXVIII) les obligea de transmettre à ceux-ci des gains matrimoniaux.

D'après le Code, l'impuissance devait durer deux années pour motiver le divorce. Dans la Nov. XXII, ce délai est de trois ans. Justinien n'y parle point de la stérilité qui, dans le Digeste, figure comme un cas de dissolution du mariage [1].

L'entrée en religion n'était un cas de divorce que du jour de la prise d'habit.

Quant à la captivité, la loi 6, D. *De div. et repud.* porte qu'elle laissait subsister le mariage. Et cependant, il était de principe qu'elle rompait le lien conjugal, sauf peut-être celui d'un patron avec son affranchie, de telle sorte que le *postliminium* ne pouvait le rétablir pour le temps de l'absence et qu'il fallait un nouveau consentement pour le reformer[2]. Aussi Cujas, Faber et Meermann pensent-ils

1. L. 61, D. *De don. int. vir. et uxor.*
2. L. 45, § 6. D. *De ritu nupt.*; L. 56. D. *Solut. matr.*; LL. 12, § 4, et 14, § 1, D. *De captiv.*

que la loi 6 a été interpolée[1]. Selon Cujas, la main de Tribonien se reconnaît à la tournure grecque que n'aurait pas prise Julien dans ces mots : *definiendum est..*, etc. ; et cela est d'autant plus probable qu'il y a identité entre la décision de la loi 6 et celle de la Nov. XXII, que Justinien dit avoir prise dans d'autres constitutions. Il faut donc, pour connaître l'ancien droit, faire abstraction de cette loi 6, à partir des mots *et generaliter definiendum est.*

Ainsi Julien disait que la captivité devait dissoudre le mariage. Mais alors, suivant Cujas, pourquoi l'époux restant dans la cité ne pouvait-il se remarier *temere, petulanter?* — C'est, répond-il. par l'espoir du *postliminium.* Meerman, de son côté, pense que le juge avait à fixer un délai pendant lequel la femme devait attendre son mari, c'est-à-dire ne pas se marier, le mariage étant rompu par le fait de la captivité. Si elle se mariait avant l'expiration de ce délai, elle encourait les peines attachées au *repudium injustum.* Ainsi, sous un certain rapport, la femme du captif était considérée comme si elle eût été encore mariée, puisque, à moins d'assumer les peines du divorce sans cause, elle ne pouvait se remarier, tant qu'il était certain que le captif vivait encore.

Justinien, dans la loi 7, C. *De repud.*, permet à l'épouse du captif de se remarier après quatre ans de silence de son mari. Mais la Nov. XXII n'autorise plus la femme à se remarier, tant qu'il est certain que le captif existe ; et si elle ne reçoit pas de ses nouvelles, il faut attendre cinq ans.

1. Cujas, VI, p. 413 E ; Faber, *In jurisprud.*, II, *princip* , 8 ; Meermann, VI, 9, p. 297.

Dans l'ancien droit, la condamnation aux mines entraînait la servitude et la dissolution du mariage. Justinien (Nov. XXII, ch. 8 et 9) ne retira pas aux condamnés *ad metalla* leur liberté et laissa subsister leur mariage. — Dans les cas d'ingratitude d'un affranchi envers son patron et de fraude du majeur de vingt ans qui se faisait vendre comme esclave, le mariage était dissous.

Dans la Nov. CXVII, Justinien n'admit plus le divorce *mutuo consensu* que dans le cas où les époux se séparaient pour vivre dans la chasteté.

66. Justin-le-Jeune rétablit le divorce par consentement mutuel, sous le prétexte qu'il y a des antipathies et des haines plus fortes que la raison humaine et en présence desquelles les lois doivent se laisser fléchir.

Léon-le-Philosophe interdit à l'épouse du captif de se remarier, eût-elle passé de longues années sans en recevoir de nouvelles écrites ou verbales, à moins qu'elle n'eût acquis la preuve de son décès (Nov. XXXII). Il permit au mari de divorcer avec sa femme tombée en démence depuis le mariage et restée dans cet état pendant trois ans. Il autorisa également la femme à divorcer quand son mari était resté cinq ans en démence. Si la folie s'était manifestée le jour des noces, le mariage était dissous sur-le-champ.

67. Telles étaient les causes de divorce dans l'ancien droit et le nouveau ; et malgré toutes les précautions prises par les empereurs pour le régle-

menter, les mœurs ne se corrigeaient pas, tant il est vrai que les lois ne réforment guère :

Quid leges sine moribus
Vanæ proficiunt?

comme le disait Horace. Il était réservé au christianisme seul de prendre le dessus et de régénérer le mariage en y faisant triompher le principe de l'indissolubilité.

CHAPITRE III

DES FORMES DU DIVORCE

68. A l'époque où les mariages par *confarreatio* et par *coemptio* étaient en vigueur, leur rupture avait lieu avec des cérémonies particulières. Pour les premiers, on procédait à un sacrifice appelé *diffareatio*, symbole de la mort [1]. «*Diffarreatio*, dit Festus, *genus erat sacrificii quo inter virum et mulierem fiebat dissolutio. Dicta diffarreatio, quia fiebat farreo libo adhibito*». Dans les seconds on employait la *remancipatio*. «*Remancipatam Galus Ælius ait quæ mancipata sit ab eo cui in manum convenerat.*» Au temps de Gaius, ces cérémonies étaient à peu près oubliées [2], et, au moment où vivait Tacite, les mariages libres étaient presque les seuls en usage.

Il avait aussi existé, dans les beaux jours de Rome, une coutume qu'il faut regarder plutôt comme une démarche pieuse que comme une formalité lé-

1. Lucain, II. v. 328.
2. Gaius, *C. m.* I. § 111.

gale. D'après Valère-Maxime, les époux se rendaient sur l'Aventin, au temple de Junon Viriplaca, et là ils oubliaient souvent leurs querelles [1]. Ce qui est plus probable, à titre de prescription légale, c'est que le mari devait, avant de répudier sa femme, prendre l'avis d'une sorte de conseil de famille, ou d'amis; il y avait là une garantie contre les divorces irréfléchis.

69. La loi Julia *de adulteriis* fut le premier texte législatif imposant des formes pour le divorce, et c'est par celles-ci qu'Auguste «*divortiis modum imposuit*». Auparavant, le mari avait coutume, en répudiant sa femme, de lui retirer les clefs et de la faire sortir de la maison, après lui avoir rendu sa dot. La femme, quand elle provoquait le divorce, rendait elle-même les clefs qu'elle avait reçues en signe d'autorité. Les *tabulæ nuptiales* étaient lacérées et on transcrivait sur les actes publics le *libellus repudii*. Si la femme était convaincue d'adultère, on lui enlevait sa stole pour la revêtir de la toge, vêtement des courtisanes [2]. Il paraît d'ailleurs, au dire de Cicéron, que, vers la fin de la République, les formalités étaient regardées comme peu importantes. Lui-même envoya le *repudium* à sa femme Terentia, dans une lettre; et on allait jusqu'à se demander si le divorce ne résultait pas d'une nouvelle union contractée, sans que la première femme en eût été avertie.

Mais la loi Julia vint régler les formes du divorce, les imposant à peine de nullité [3]. Elle exigea la pré-

1. Val. Max. II. 1, § 6.
2. Cicéron, *De oratore*; 2e *Philipp*. 28; St. Ambroise, *Epitres*, 65; Juvénal, *Sat*. VI, v. 75; Suét., *In Calig*. 36; Sén., *De benefic*. III
3. L. 1, D. *Unde vir et uxor*; L. 43, D. *Ad. leg. Jul. de adult.*

sence de sept témoins mâles, citoyens romains, ni sourds ni muets, indépendamment de l'affranchi qui portait le *repudium* et qui devait avoir reçu la liberté de l'époux ou de l'un de ses ascendants [1]. Juvénal met en scène, dans sa satire VI, un de ces affranchis qui commande à la femme de son maitre de faire ses paquets et de partir: «*Collige sarcinulas*, dit-il, *et exi*». L'intervention ici d'un affranchi était une conséquence du droit des patrons aux *operæ officiales* [2]. La présence des sept témoins rappelle l'ancien tribunal de famille, à moins qu'elle ait été jugée nécessaire pour garantir la gravité du divorce et le bien fixer [3]. Peut-être aussi l'ordonnait-on pour engager les époux à ne pas divorcer, en ne dévoilant pas les tristes secrets du foyer domestique.

70. Entr'autres formules de répudiation, on disait: *Tuas res habeto, tuas res tibi agito*, garde ta fortune, fais tes affaires toi-même. Pour rompre des fiançailles: *conditione tua non utor*, disait-on, je ne veux pas partager ta condition. Cette déclaration pouvait être reçue par la personne elle-même, par celui qui était sous sa puissance ou sous la puissance de qui elle se trouvait [4]. Ces formules étaient-elles sacramentelles? A en juger par toutes celles qui nous sont parvenues et qui sont très-différentes les unes des autres, on peut soutenir qu'en fait elles n'étaient pas solennelles. Cependant Cujas, Heineccius et Pothier sont d'avis contraire, et leur système sem-

1. L. 9. D. *De div. et repud.*; L. 25, D. *De test.*
2. Tacite, *An.* III; Suét. *in Tib.*, 23; L. 57, D. *De ritu nupt.*
3. Marezoll; trad. de Pellat, § 168, p. 441.
4. L. 2, D. *De div. et repud.*

ble mieux en rapport avec le formalisme si connu des Romains. Pour eux donc, les formules que nous rencontrons dans les auteurs tels que Plaute, Pétrone, Apulée, Martial[1] etc., ne seraient que des équivalents littéraires : les véritables expressions employées seraient celles indiquées plus haut et tirées de la loi 2, D. *De div. et repud.*

71. Les empereurs Théodose et Valentinien firent du *repudium* une condition essentielle du divorce[2].

Justinien ne modifia pas les formes du divorce. Mais il y avait deux cas où celui-ci pouvait avoir lieu, sans la présence des sept témoins. D'abord, quand l'un des époux était prisonnier chez l'ennemi, et en second lieu, quand le mari était militaire. Dans le premier cas, l'époux resté dans la cité pouvait, comme nous l'avons vu, se remarier après cinq ans d'attente, sans qu'il y eût de *repudium* à envoyer ; et, dans le deuxième, la femme, après dix ans depuis les dernières nouvelles, consultait le registre où étaient inscrits les morts, attendait un an, adressait le *libellus* au général sous lequel son mari servait et présentait une supplique à l'empereur qui lui permettait de se marier (Nov. XXII, 7, et C. XVII).

72. Le *repudium* envoyé dans un moment de colère ne produisait d'effet que quand il y avait persistance de volonté. Lorsqu'après l'envoi du *libellus* l'époux se repentait, le mariage n'était pas dissous, à moins que l'autre époux ne voulût lui-même divorcer[3].

1. Plaute, *Amphytrion*, III, 2; Pétrone, *Satir.*; Apulée, II ; Martial, *Epigr.*, 41, 10.
2. L. 8, pr. *C. De repud.*
3. LL. 3 et 7, D. *De div. et repud.*

Alors même que le *libellus* n'était pas transmis ou n'était pas arrivé à la connaissance de l'autre époux, le mariage était dissous, parce que, sauf les cas de divorce par consentement mutuel, la volonté de celui qui répudiait était seule nécessaire[1].

CHAPITRE IV

DES EFFETS DU DIVORCE

73. D'après une loi de Romulus, rapportée par Plutarque, le mari qui répudiait sa femme, en dehors des cas fixés, perdait ses biens, dont une moitié était attribuée à celle-ci, l'autre à Cérès, et était voué aux dieux infernaux. Mais si la répudiation avait une *justa causa*, le mari conservait pour lui les biens apportés par son épouse[2].

Les documents nous manquent, au dire de M. Pellat, pour savoir à quelles règles la dot de la femme était soumise, à l'origine[3]. Nous savons seulement qu'en certains cas le mari pouvait la garder[4]. Suivant Aulu-Gelle (IV, 3) on resta cinq siècles sans organiser d'action pour assurer à la femme la restitution de sa dot, et ce ne fut que depuis le divorce de Carvilius Ruga qu'on sentit la nécessité des *cautiones rei uxoriæ*.

74. Sous la république, les censeurs notaient d'in-

1. L. 6. C. *De repud.*
2. Val. Max. VIII, 23.
3. Pellat, *De la dot.* p. 334.
4. Pline, *Nat. hist.* IV. 13; Aulu-Gelle, XVIII, 22; Val. Max. VIII; Horace, III, 24, v. 22 — V. Cujas, IX, p. 500, D. et VI p. 1148, A.

famie les maris qui divorçaient sans motif légitime[1]. Mais cette peine, toute morale, dut disparaître de bonne heure, à moins que tant de citoyens illustres tels que Pompée, César, Cicéron aient été considérés comme des *infâmes* par leurs contemporains.

L'action *rei uxoriæ* était destinée à assurer la restitution de la dot, et conférait à l'*arbiter* des pouvoirs très-étendus[2]. Si la femme était sous la puissance paternelle, l'exercice de cette action appartenait au père qui néanmoins était obligé de s'adjoindre la personne de sa fille. « Cette dérogation unique au principe de la puissance paternelle avait pour but d'assurer à la fille le moyen de veiller à la conservation de sa dot, afin qu'elle pût la porter à un nouveau mari[3].» Cependant la fille pouvait agir seule quand son père était fou, prisonnier chez l'ennemi, exilé, ou s'il avait de mauvaises mœurs[4], enfin lorsqu'elle était *sui juris*, qu'elle le fût devenue avant ou après le mariage.

75. On attribue à Auguste sinon l'établissement, du moins les modifications ou aggravations des peines du divorce, qui existaient à l'époque des grands jurisconsultes; ces peines consistaient dans certaines *retentiones* faites sur les biens des époux.

Retentio propter liberos. — Elle avait lieu quand le divorce était arrivé par la faute de la femme ou du père sous la puissance duquel elle se trouvait.

1. Cicer. *De leg.*
2. L. 1, § 1. D. *De pact. dot.*
3. Pellat, *De la dot.*
4. L. 22, §§ 4-10-11, D. *Solut. matr.*

Le mari, qui continuait à supporter une partie des charges domestiques, conservait ainsi une part de la dot pour l'éducation et l'entretien des enfants. Cette rétention était d'un sixième par enfant, et ne dépassait jamais trois sixièmes, quel que fût le nombre d'enfants. Elle avait un double but : punir la femme et indemniser le mari. Si donc ce dernier n'avait pas de charges, de même que si la femme n'était pas en faute, alors même qu'il y eût un ou plusieurs enfants, elle ne perdait aucune partie de sa dot[1]. Peu importait d'ailleurs que le *repudium* eût été envoyé par le mari ou par la femme : « La faute n'était pas imputée à l'époux qui avait envoyé le *nuntius*, mais à celui qui avait mis son conjoint dans l'obligation de l'envoyer[2]. » Quand il y avait faute de part et d'autre, on n'exerçait pas de *retentio*, et quand les deux époux étaient irréprochables, on attribuait la faute à celui qui, sans motif suffisant, avait envoyé le *repudium*. Toutefois on pouvait convenir que la *retentio propter liberos* aurait lieu, alors que le divorce ne serait la conséquence d'aucune faute[3]. — Ce n'était que par voie d'exception que s'exerçait la *retentio propter liberos*, tandis que la *retentio propter mores*, dont nous allons parler, pouvait s'exercer par voie d'action.

Retentio propter mores. — Une seule condition était nécessaire pour qu'elle eût lieu : l'inconduite de la femme. Cette *retentio* était d'un sixième de la dot, si l'atteinte aux mœurs était grave, d'un huitième

1. Paul, *Instit.* II. *De dot.;* Cicér. *Top.* IV.
2. Papinien, *Resp.* IV ; Frag. Vat.
3. Frag. Vat. §§ 106 et 107.

si elle était légère. L'atteinte était grave quand la femme avait commis un adultère, légère, quand il s'agissait de toute autre faute, par exemple d'ivrognerie[1]. Sous un rapport, la *retentio propter liberos* avait plus d'avantages pour le mari, puisqu'elle pouvait lui procurer jusqu'à la moitié de la dot. Mais, d'autre part, la *retentio propter mores* était armée d'une action et pouvait être efficace même après la rcstitution de la dot.

Ces deux *retentiones* pouvaient-elles être cumulées ? Hugo a soutenu la négative en s'appuyant sur les termes obscurs d'un passage d'Ulpien (*Reg.*, VI, 11) et d'un paragraphe de Paul (*Sent.*, I, § 6). M. Pellat, après avoir expliqué la controverse, n'ose pas conclure : « C'est un des cas, dit-il, où il faut savoir se résigner à ignorer jusqu'à la découverte de quelque nouveau texte. »

Les mauvaises mœurs du mari ne restaient pas impunies Si la dot comprenait des choses *qui pondere, numero mensurave contineantur*, et qui se restituait en trois paiements d'année en année, *annua, bima, trima die*, le mari devait la rendre sur-le-champ, *propter mores majores ;* et dans le cas de *mores minores*, il perdait la moitié du délai et devait la rendre par tiers de six mois en six mois. Si elle était d'un corps certain, le mari, tout en la restituant immédiatement, était obligé d'ajouter une portion d'intérêt correspondante à la perte qu'il aurait subie si la dot avait compris des quantités, c'est-à-dire, en cas de faute grave, les fruits de deux

1. Ulpien, *Frag.*, 12, 13, VI.

années, et en cas de faute légère, les fruits d'une année.

76. Ces peines pouvaient être exigées par voie de rétention devant le juge de l'action *rei uxoriæ*, ou par le moyen de l'action *de moribus*, *judicium de moribus*, quand la dot avait été rendue [1]. Cette action ne devait être exercée ni par les héritiers, ni contre les héritiers, ni concourir avec l'action publique.

Le mari ne pouvait pas opérer de *retentiones*, quand, après avoir divorcé par la faute de sa femme, il se fiançait avec elle et qu'elle lui envoyait le *repudium* avant le mariage, ou bien, quand après le divorce il avait laissé longtemps sa femme en possession des biens qu'elle lui avait promis en dot.

77. Nous devons indiquer maintenant quelques autres effets du divorce. — Dans le principe, la garde des enfants était toujours confiée au père ; un décret d'Antonin permit de la donner à la mère, s'il y avait un juste motif de le faire ; et une constitution de Dioclétien (293) laissa au magistrat le soin de voir auquel des deux époux il fallait l'accorder [2]. — D'après le S.C. Plancien, si la femme divorcée se croyait enceinte, elle devait dénoncer sa grossesse à son mari dans les trente jours, pour qu'il pût lui envoyer des gardiens ; s'il ne le faisait pas, il devait reconnaître l'enfant. Mais Julien décida que, dans ce cas, il pourrait y avoir lieu à désaveu, sauf pour le mari l'obligation de nourrir l'enfant. Si la femme

1. LL. 2, § 3 et 11, D. *Ad leg. Jul. de adult.*; L. 5, D. *De pact. dot.*; LL. 38, 39, 47, D. *Solut. matr.*; L. 69, D. *De jure dot.*

2. L. 1, § 3, et L. 3, § 5, D. *De lib. exhib.*; L. 1, C. *De div. facto.*

ne dénonçait pas sa grossesse ou ne recevait pas les gardiens, le père était libre de ne pas nourrir l'enfant[1]. — Dans les soixante jours du divorce, qui n'avait pas été opéré *bona gratia*, la femme ne pouvait affranchir, ni aliéner ses esclaves ; il fallait qu'on pût au besoin les interroger sur sa conduite[2]. — Si, après le divorce, l'un des époux avait à se plaindre de détournements commis par l'autre pendant le mariage, il employait l'action *rerum amotarum* et non l'action *furti* qui était infamante[3]. Cette décision était, il faut le dire, sujette à controverse. — Les donations entre époux avaient été, en principe, interdites pour empêcher que l'un d'eux ne se laissât dépouiller par les intrigues de l'autre. Mais, entre autres exceptions, elles étaient permises *divortii causa*, parce qu'elles se rapportaient à un moment où le mariage n'existait plus. Du moment où, sous Antonin Caracalla, les donations entre époux furent valables, mais révocables, le divorce impliquait de la part du donateur l'intention de révoquer la libéralité qu'il avait faite à son conjoint, à moins de réconciliation ultérieure[4].

78. Revenons aux peines du divorce, à l'époque de Constantin et de ses successeurs.

Sous l'empire de la constitution de 331, la femme qui divorçait, en dehors des trois causes prévues, perdait sa dot, ses joyaux, *usque ad acuculam capitis*, jusqu'à son aiguille de tête, et était déportée dans

1. Paul. *Sent.*, II, 24 ; L. 1, D. *De agn. et al.*
2. L. 14, § 1, D. *Qui et a quibus man.*
3. L. 2, D. *De act. rer. amat.*
4. L. 32, § 10 ; L. 62, § 1, D. *De donat. int. vir. et ux.*

une île. Quant au mari, en cas de divorce injuste, il restituait à sa femme la dot entière et ne pouvait se remarier.

Honorius adoucit cette législation ; la peine variait suivant la gravité de la faute. Quand le divorce avait eu lieu sans motif, la femme, si elle en était cause, perdait sa dot et la donation antenuptiale, elle était déportée, sans espoir d'être réintégrée dans ses droits, et condamnée à un célibat perpétuel ; si c'était le mari, il rendait la dot, perdait les donations, et ne pouvait jamais se remarier ; sa femme avait le droit de se marier un an après. Si l'on avait divorcé pour des motifs sérieux, dot, donations et droit de convoler étaient enlevés à la femme coupable ; le mari pouvait se remarier immédiatement ; si la femme avait eu le droit d'envoyer le *repudium*, elle recouvrait sa dot, profitait des donations et pouvait se remarier au bout de cinq ans. Quand la femme était seulement déréglée dans ses mœurs, le mari gardait la dot, reprenait les donations qu'il lui avait faites ; la femme était astreinte à la viduité ; si le mari avait commis des fautes de peu d'importance, il perdait la dot, recouvrait sa donation et pouvait se remarier au bout de deux années. Si le mari ou la femme divorçait en dehors des cas fixés par la constitution de Théodose-le-Jeune (449), la femme perdait sa dot et la donation antenuptiale et n'avait pas le droit de se remarier pendant cinq années ; le mari rendait la dot et perdait la donation. Lorsqu'il y avait des enfants, tous les bénéfices acquis à l'un des époux, par suite du divorce, devaient être conservés par lui

1. LL. 8, 9. C. *De repud.*

pour les enfants[1]; la Nov. II, 2, défendait, en conséquence, d'aliéner ou d'hypothéquer ces biens. — En vertu d'une constitution d'Anastase, quand le divorce avait lieu par consentement mutuel, la femme pouvait se marier au bout d'un an.

79. Justinien supprima la *retentio propter mores*, parce que les constitutions venaient d'une autre manière au secours de l'époux outragé, et la *retentio propter liberos*, parce que l'affection des parents devait être une garantie suffisante du soin qu'ils prendraient de leurs enfants. Il abolit le *judicium de moribus*, déjà tombé en désuétude, pour n'appliquer que les peines édictées par les constitutions[1]. Mais loin de nous la pensée de descendre dans tous les détails où le «verbeux empereur» se laissait entraîner, dans la nomenclature des effets du divorce. Nous nous contenterons d'en indiquer les plus importants.

La Nov. XXII ne change rien aux peines du divorce et maintient pour la femme la défense de se marier avant cinq ans, quand elle a divorcé sans cause. Elle permet, en outre, d'aliéner les biens que la Nov. II avait rendus inaliénables au profit des enfants (ch. 20, § 11).

La Nov. CXVII varie les peines, suivant qu'il existe ou non des enfants. S'il n'y en a point, l'époux outragé gagne en pleine propriété ce que perd l'époux coupable (ch. 10, 13). Quand la femme est adultère, le mari prend, avec la dot entière, sur les autres biens de la femme, une valeur égale au tiers de la

1. L. 1. § 5, C. *De rei uxor. act.*; L. 11, C. *De repud.*

dot (ch. 8, 32). Quand elle est accusée faussement, elle a droit, non-seulement à la donation antenuptiale, mais encore à une valeur égale au tiers de cette donation, prise sur les biensdu mari (ch. 9, § 4); il en est de même si le divorce a lieu parce que le mari a entretenu une concubine (ch. 9, § 5). S'il y a des enfants, l'époux outragé ne gagne que l'usufruit de ce que perd l'époux coupable. Outre ces peines, la femme qui répudiait sans cause était enfermée dans un monastère; deux tiers de ses biens revenaient à ses enfants, un tiers était donné au monastère. Quand elle n'avait que des ascendants, le couvent prenait deux tiers de ses biens en propriété; l'autre tiers appartenait aux parents, mais seulement lorsqu'ils n'avaient pas consenti au divorce de leur fille en puissance; car alors le couvent avait droit à tous les biens.

Quand le divorce était arrivé par la faute du père, et que la mère ne se remariait pas, les enfants étaient élevés par elle aux frais du mari; et si la femme avait été cause du divorce, ils restaient près de ce dernier et étaient élevés aux dépens de la mère, si elle était riche. Si un époux, après avoir simulé le désir de chasteté pour divorcer, se remariait ou vivait dans la débauche, tous ses biens étaient attribués aux enfants et, à défaut d'enfants, au fisc. L'entrée en religion donnait le droit de réclamer les gains de survie (Nov. CXVII).

Dans la Nov. CXXXIV, Justinien décida que l'époux qui divorcerait sans cause, serait enfermé dans un monastère auquel devaient appartenir tous ses biens, déduction faite de deux tiers, s'il y avait des enfants, et d'un tiers s'il n'y avait que des ascendants. Le conjoint pouvait échapper à ces peines en se rapprochant de l'autre époux. L'exécution de ces peines était confiée, sous la direction des évêques, à des officiers qui subissaient, en cas de négligence, l'exil et la confiscation ; et le notaire qui avait rédigé le *libellus* injuste, était condamné à l'exil.

80. Léon-le-Philosophe permit au captif, rentré dans la cité, de rompre le second mariage de sa femme ou d'accuser celle-ci d'infidélité, en vertu de la loi Julia *de adulteriis*. Il soumit à des condamnations pécuniaires la femme qui aurait déterminé son mari à la répudier, pour avoir aspiré, pendant son mariage, à d'autres hommes.

81. Comme on le voit, le divorce se condamnait lui-même par les transformations continuelles et infructueuses qu'il recevait des empereurs. Après n'avoir, dans le droit primitif, existé qu'à titre de lettre morte et s'être, peu à peu, glissé dans les mœurs, il en arriva, malgré le droit nouveau, à favoriser la dépravation générale et à entraîner, en dépit de tout frein, la société romaine vers une ruine irréparable dont le fatigant spectacle doit être encore, de nos jours, un précieux enseignement pour qui voudrait restaurer, en France, une institution aussi dangereuse.

DE LA SÉPARATION DE CORPS

EN DROIT FRANÇAIS

Aperçu historique

82. Les Romains ne laissaient dans leurs lois aucune place à la séparation de corps, non plus que les peuples barbares, tels que les Celtes et les Germains, qui, après n'avoir d'abord connu que la pratique facile et grossière de la répudiation, finirent tôt ou tard, sous l'influence des idées romaines, par accepter et régler avec plus ou moins de rigueur la doctrine du divorce [1].

83. L'Eglise cherchait en vain à faire prévaloir d'une manière absolue, dans le monde, le principe de l'indissolubilité du mariage, que Jésus-Christ avait consacré par ces mots : *Et erunt duo in carne una; quod conjunxit Deus, homo non separet* [2]. Ce ne fut qu'à partir des rois de la seconde race

1. V. César, *De bel. Gal.*, V, 14, VI, 19; Lois d'Howel le Bon; Wotton, *Usages gallois*, 1730. — Tacite, *De mor. Germ.*; Guizot, *Hist. de la civil. en Fr.*, I, p. 185. — Lois des Burgondes (XXXIV, 1, 2, 3) des Visigoths, des Lombards, des Bavarois (VII, 14, §1), des Allemands (LI, 1). des Ripuaires (XXXIV); *Lex salica emendata* (XIV, 12); Marculph. *Form.* 19 et 30, II, *libel. répud.*

2. V. Saint-Mathieu, XIX, v. 3, 4, 5; Saint-Marc, X. v. 6 et suiv.; Saint-Luc, XVI, v. 18; Saint-Paul, *Rom.* VII, v. 3; *Corint.* VII, 10 et 11; Saint-Augustin, IV, 49; Tertul., *De patient.*, XXII; Origène, t. XIV, n° 24; Can. Ap., 6, 10, 48.

qu'en France le divorce fut ébranlé et la séparation de corps reçue comme institution de droit civil.

En 744, Pépin le Bref promulgua, dans un capitulaire, la décision du concile de Soissons : «Qu'aucun laïque n'épouse une femme du vivant de son mari, et qu'aucune femme n'épouse un autre mari du vivant de son premier»; et Charlemagne, dans son capitulaire d'Aix-la-Chapelle (789), défendit aux époux séparés de se remarier [1]. Leurs successeurs continuèrent à combattre le divorce, alors même que parfois les papes durent réprimer les passions de princes révoltés, et que l'on vit Urbain II prononcer l'anathème contre Philippe Ier et Alexandre III contre Philippe-Auguste. Au douzième siècle, la séparation de corps avait triomphé du divorce; et, au siècle suivant, on lisait dans les *Assises de Jérusalem :* «La loi et l'assise commande et dit que, puisque l'ome et la feme se sont pris par mariage, ils ne se peuvent partir aucun jour de leur vie, si ce n'est par mort ou non... Nulle cour ne se doit entremettre du fait de mariage, sinon sainte Iglise [2].» Dès lors, le droit civil était d'accord avec le droit canon, et c'est en vain qu'au seizième siècle Luther vint proclamer la légitimité du divorce : la France resta fidèle à la voix de l'Eglise [3]. «Les mariages, disait Loysel, se font au ciel et se consomment en la terre [4].»

1. Walter, p. 35, 760, 774; Baluze, I; Ansegise, I, 42, VII, 73, 406.
2. V. *Etablissements de Saint-Louis;* Beaumanoir, *Cout. de Beauvoisis : des Mantalens entre époux ;* Boutellier, *Somme rurale.*
3. Concile de Trente (1545-1563), sess. 24, can. 8.
4. V. Cout. de Tours, de Lodunois, du Maine, de Bretagne, de Normandie, etc.

Cependant le clergé qui, pour rendre au mariage toute sa pureté, avait lutté sans relâche contre les souvenirs du paganisme et «n'avait, comme l'écrivait de Maistre, vaincu sur ce point qu'en ne reculant jamais», le clergé, disons-nous, vit, au dix-septième siècle, sa juridiction attaquée par les Parlements, qui se croyaient seuls compétents pour connaître des séparations de corps. Ce conflit d'attributions, que Henri IV (1603), Louis XIII (1639) et Louis XIV (1695) cherchèrent à régler et qui faisait l'objet de vives controverses parmi les jurisconsultes, notamment entre d'Argentré et Coquille, Dumoulin et Bacquet, se termina, avec l'aide de la philosophie réactionnaire du dix-huitième siècle, à l'avantage de la juridiction laïque [1].

84. Dans le dernier état de l'ancien droit, les causes de séparation, au lieu d'être réduites aux trois cas principaux d'adultère, d'hérésie et de sévices, selon les lois de l'Eglise [2], étaient, au contraire, laissées complétement à l'arbitrage du juge «qui ne devait être ni trop facile, ni trop difficile»; on suivait la procédure tracée par l'ordonnance de 1667. La séparation de corps entraînait le partage de la communauté ou la reprise par chaque époux de ses propres, suivant le régime de mariage qu'ils avaient adopté. Les enfants étaient élevés à frais communs. La séparation était prononcée à temps, jamais à perpétuité.

1. Pothier, *Contr. de Mar.*, VI, première partie, § 2.

2. V. Gratien, II, 32 § 5; Saint-Math., V, v. 32; Saint-August., I, 5; Saint-Thomas, IV, 35, § 1; Saint-Ambroise, I; Innocent III, VII, *de divort.*

85. Le divorce reparut, à la Révolution de 1789, comme une prétendue conséquence de la liberté politique et religieuse; et, le 20 septembre 1792, il fut décrété d'urgence sur la proposition du général Aubert-Dubayet. En même temps qu'on l'admettait pour une simple incompatibilité d'humeur, on proscrivait la séparation de corps, pour enlever au culte catholique le seul remède avoué par lui.

Les nombreux scandales, les honteuses spéculations, les odieuses intrigues qui furent la suite d'une pareille législation, amenèrent, avec le Code civil, une réaction qui, sans supprimer le divorce, ne le regarda que comme le remède à un mal et le refusa, dès lors, pour incompatibilité de caractère. De plus, moins rigoureux que leurs devanciers, les rédacteurs acceptèrent la séparation de corps, mais ne lui consacrèrent, dans le Code, que six articles, après en avoir attribué soixante-dix-sept au divorce.

86. Cette institution cependant rencontrait en France une sorte d'antipathie : on s'habituait difficilement à voir une femme dont le mari était encore vivant en épouser un autre. Aussi quand, le 21 décembre 1815, M. de Bonald vint proposer à la Chambre des députés l'abolition du divorce, son projet trouva-t-il partout un sympathique accueil, dont le résultat fut, au 8 mai 1816, le rétablissement dans la loi du principe de l'indissolubilité. Il eut alors été utile de réglementer la séparation de corps qui survivait au divorce : malheureusement, le projet de loi soumis dans ce but à la Chambre des pairs et voté par elle, vint échouer devant l'oubli ou l'abandon de la Chambre des députés ; et c'est

pour cela que les interprètes du droit en sont réduits aujourd'hui, dans la matière de la séparation de corps, à argumenter par analogie des dispositions qui concernaient le divorce.

87. En 1831, on réclama l'abrogation de la loi de 1816, « en haine de la religion d'Etat qui venait de périr; » mais tout le débat à la Chambre des députés se réduisit à une pure question de liberté religieuse. Ramenée plusieurs fois, de 1831 à 1835, devant les Chambres, la proposition de rétablir le divorce fut toujours écartée par la Chambre des pairs. Et quand, en 1848, M. Crémieux, ministre de la justice, présenta ce dernier « comme le couronnement nécessaire des institutions démocratiques, » l'échec éclatant qu'il éprouva en cette circonstance témoigna une fois de plus que la France n'avait point encore oublié ses traditions morales et religieuses.

La loi de 1816 subsiste donc encore de nos jours, et la séparation de corps reste le seul remède accordé aux époux qui ne peuvent vivre en commun. Sans doute, cette institution est imparfaite : aussi une loi du 6 décembre 1850 en a déjà supprimé un des plus graves abus, en permettant au mari de désavouer l'enfant né depuis la séparation ; et une loi du 22 janvier 1851, sur l'assistance judiciaire, l'a mise à la portée des pauvres comme des riches. Mais quelques réformes que l'on veuille adopter, la séparation de corps ne sera jamais à l'abri de toute critique, et quoi qu'on fasse, il y aura toujours des malheurs immérités, des fautes irréparables, des existences brisées !

CHAPITRE Ier

DES CAUSES DE LA SÉPARATION DE CORPS

88. Elles sont au nombre de trois : 1o l'adultère ; 2o les excès, sévices ou injures graves de l'un des époux envers l'autre ; 3o la condamnation de l'un des conjoints à une peine infamante.

La séparation de corps ne peut s'opérer par consentement mutuel. Si les époux trouvent l'un et l'autre que la vie commune est insupportable, qu'ils se séparent de fait ; mais la loi ne leur accorde pas dans ce cas le bénéfice de la séparation de corps. parce que le plus souvent elle aurait eu pour but de frauder les créanciers qui ne peuvens intervenir dans une demande en séparation de corps.

§ I. Adultère. — 89. L'adultère de la femme est, dans tous les cas, une cause de séparation. Au contraire, celui du mari ne peut être allégué que quand il a tenu sa concubine dans la maison commune. Cette différence s'explique, non parce que ce sont les hommes qui ont fait les lois, mais « parce que, dit Montesquieu, la violation de la pudeur suppose dans les femmes un renoncement à toutes les vertus..., parce que la nature a marqué l'infidélité des femmes à des signes certains ; et que, d'ailleurs, les enfants adultérins de la femme sont nécessairement au mari et à la charge du mari, au lieu que les enfants adultérins du mari ne sont pas à la femme ou à la charge de la femme. » (*Esp. des lois*, XVI, 8).

Il faut donc que le mari ait *tenu*, c'est-à-dire entretenu dans des rapports illicites et habituels sa concubine sous le toit conjugal. Ainsi un fait isolé, eût-il lieu dans la maison commune et avec une personne qui l'habite, ne motiverait pas suffisamment, de la part de la femme, une demande en séparation pour cause d'adultère du mari. — Par *maison commune*, il faut entendre, outre le domicile conjugal, alors même que la femme l'aurait quitté de gré ou de force, toute demeure susceptible d'être habitée par les deux époux, par exemple, une maison de campagne, une résidence, où le mari, après avoir abandonné sa femme, vivrait avec une concubine, en un mot toute maison où la femme a le droit d'habiter avec son mari et où celui-ci peut la contraindre à venir. — Mais il ne faudrait pas entendre par maison commune, dans le sens du Code, une de ces maisons, si nombreuses dans les grandes villes, où se trouvent plusieurs corps de logis, plusieurs appartements distincts qui n'ont de commun que leur entrée sur la voie publique. Sans doute, dans ce cas, le scandale sera plus grand, il y aura injure grave pour la femme, mais il n'y aura point adultère commis dans le logement même des époux. — Peu importe, d'ailleurs, que la concubine ait été introduite par le mari ou par la femme, par exemple, à titre de servante, d'institutrice, de dame de compagnie ; et de plus, il n'est pas nécessaire qu'elle soit salariée ou reçoive des présents du mari : la loi veut avant tout punir un outrage infligé à la femme avec aggravation de rapports habituels dans la maison commune.

90. L'art. 308 C. N. porte qu'en cas d'adultère de la femme, le jugement qui prononcera la séparation de corps, la condamnera, sur la réquisition du ministère public, à la réclusion dans une maison de correction pendant un temps déterminé qui ne pourra être moindre de trois mois, ni excéder deux années. Il ne s'agit point ici de la réclusion proprement dite qui dure au moins cinq ans et est subie dans une maison de force, mais d'un emprisonnement subi dans une maison de correction. Et, si la répression de l'adultère de la femme est attribuée au tribunal civil et non au tribunal correctionnel, c'est que les rédacteurs, pressés de punir ce délit qui avait été supprimé par la loi du 26 septembre 1791, l'introduisirent dans le Code civil sans attendre la confection du Code pénal, où logiquement il aurait dû se trouver. — Aussi l'article 306 C. N. doit-il être interprété restrictivement et ne saurait s'appliquer ni au mari adultère, ni au complice de la femme. Remarquons, en outre, que l'article 309 C. N. donne au mari un droit de grâce exceptionnel, en lui permettant de reprendre sa femme et d'arrêter ainsi l'effet de la condamnation. — Mais le mari, voulant punir l'adultère de sa femme, peut, sans demander la séparation de corps, qui toujours entraîne la séparation de biens, s'adresser au tribunal correctionnel et faire condamner son épouse à l'emprisonnement, à moins que lui-même ait entretenu une concubine dans la maison conjugale et ait été condamné sur la plainte de sa femme à une amende de 100 à 2,000 francs. Le complice de la femme adultère peut être puni d'un emprisonnement de

trois mois à deux ans et, de plus, d'une amende de 100 à 2,000 francs (art. 336 à 339 C. P.).

§ II. Excès, sévices, injures graves. — 91. Dans notre ancien droit, la femme «ne devait, dit Pothier[1], opposer que la patience aux mauvaises manières de son mari et même à ses mauvais traitements : elle devait regarder cela comme arrivant par l'ordre de Dieu et comme une croix qu'il lui envoyait pour expier ses péchés.» Il y a loin entre cette coutume d'un pays qui passait pour si chevaleresque et la maxime indienne : «Ne frappez pas une femme, même avec une fleur, eût-elle commis cent fautes[2].» Pour le mari, noblesse obligeait : son titre de *sire et maître* ne lui permettait pas de se plaindre des mauvais traitements ou des injures de sa femme[3]. Toutefois ces principes étaient sujets à de nombreuses exceptions. — Le Code civil, au contraire, cherche à protéger « le sexe tour à tour adoré et opprimé » et la faiblesse d'hommes sans énergie se trouvant à la merci d'épouses tyranniques ; à cet effet, il accorde la séparation de corps à l'un ou l'autre conjoint, quand on attente « à sa sûreté par des excès, à sa sécurité par des sévices, à son honneur par des injures graves[4]. »

92. *Excès.* — Ce sont des actes de violence capables de mettre en danger la vie ou la santé d'un

1. *Contr. de mar.*, VI, 3. — Beaumanoir, *Cout. de Beauv.*, p. 292.
2. Michelet, *Orig. du dr. fr.*
3. *Cout. de Senlis* (1375).
4. Gillet, au Tribunat, 30 ventôse, an XI.

des époux. Il n'est pas nécessaire qu'ils soient habituels, pour motiver une demande en séparation : en effet, le projet du Code portait ceci : «L'attentat de l'un des époux à la vie de l'autre sera pour ce dernier une cause de divorce.» On supprima cet article, à la demande du Tribunat, afin de ne point forcer, pour ainsi dire, un époux «à traîner son conjoint à l'échafaud», et l'on inséra dans l'art. 231 C. N. le mot *excès* pour exprimer l'idée attachée au mot *attentat*. Il ne s'agit ici que de ces mouvements de colère, de ces emportements qui peuvent compromettre l'existence.

93. *Sévices.* — On entend par là les mauvais traitements qui, sans mettre en danger la vie d'un époux, la lui rendent intolérable. La réitération n'est pas exigée, et dans l'appréciation de ces voies de fait, les magistrats doivent tenir compte de la position sociale des conjoints, de la gravité de la faute, des circonstances qui l'ont accompagnée, telles que la publicité et la provocation.

94. *Injures graves.* — Ce sont celles qui portent atteinte à l'honneur ou à la considération d'un époux. Elles résultent de paroles, d'écrits ou de faits empreints de haine ou de mépris, et ici encore, il faut envisager les circonstances de temps, de lieu, d'habitude, d'intention, de spontanéité. Mais, en général, la séparation peut être obtenue, dans ce cas, quand, par exemple, il y a calomnie ou diffamation ; quand l'insulte dont la femme est victime vient de la part des domestiques et que le mari s'obstine à les conserver ; quand le mari porte contre sa femme une accusation calomnieuse de vol, d'a-

dultère ; quand il refuse de la recevoir au domicile conjugal. A l'égard des imputations que s'adressent les époux dans le cours d'un procès, il faut décider que chacun peut, à son gré, faire valoir des faits sur lesquels il aurait, en toute autre occasion, gardé le silence, pourvu qu'il ne dépasse pas la limite de son droit.

95. L'injure peut résulter de lettres écrites par l'un des conjoints à l'autre et la séparation être prononcée, alors que ces lettres n'auraient reçu aucune publicité. Mais si elles ont été écrites par l'un des époux à un tiers, l'époux outragé ne peut s'en servir pour demander la séparation, à moins que ces lettres ne soient pas empreintes du caractère intime que revêt habituellement toute correspondance, parce qu'alors il n'y aurait aucune sécurité dans les rapports de la vie privée, parce que, l'inviolabilité du secret des lettres étant un principe de saine morale et d'ordre public, les confidences qu'elles renferment ne doivent jamais être révélées sans le consentement de la personne qui les a écrites. Nous n'admettons donc pas que l'époux injurié puisse exiger du tiers la communication de semblables missives, et si l'art. 456 Inst. cr. permet de contraindre les particuliers à produire les écritures privées qu'ils possèdent ou à déduire les motifs de leur refus, ce n'est que dans le cas de faux, c'est-à-dire pour un crime, dont la menace continuelle peut ébranler les bases sociales et dont l'importance est bien supérieure aux séparations de corps. (*A contrario*, Paris, 22 févr. 1860.)

96. Les injures peuvent aussi être la conséquence

de faits, d'actes «qui soient les témoins irrécusables du cœur.» Ainsi, la femme pourrait demander la séparation si, après le mariage civil, le mari se refusait à procéder au mariage religieux, parce qu'il attente à la dignité de son épouse et foule aux pieds sa liberté de conscience. Ce doit être pour celle-ci une injure des plus graves que de voir son mari, oubliant sa promesse expresse ou tacite, la forcer à vivre dans un état qu'elle considère comme un concubinage (Angers, 29 janv. 1859). — Il en serait de même si le mari empêchait sa femme de remplir ses devoirs religieux, ou s'il voulait la contraindre à changer de religion.

97. Mais que faut-il décider, quant aux faits commis par l'un des époux, avant le mariage, et qui peuvent nuire à l'honorabilité de l'autre conjoint, par exemple, si le mari découvre, après le mariage, que sa femme est enceinte et désavoue l'enfant, ou encore si l'un des conjoints reconnaît que l'autre a été frappé, avant le mariage, d'une condamnation infamante?—Il est impossible d'appliquer les art. 229 et 232 C. N., puisque, dans le premier cas, il n'y a pas adultère et que, dans le second, le coupable qui a été puni n'était pas encore époux. Cependant il y a une injure grave de la part de l'époux qui a dissimulé un état qui, s'il eût été connu de l'autre, aurait sans doute empêché le mariage, et cette injure est faite, non pas à un étranger, ni par un étranger, mais à l'époux lui-même, et par un époux, au moment où tous deux prennent ce titre. Et qu'on ne dise pas que le conjoint, victime de la dissimulation de l'autre, aurait pu éviter celle-ci, en allant aux renseigne-

ments; car il est souvent, dans la vie d'une personne, des circonstances qu'elle seule peut connaître et révéler. Au surplus, ce sont là des questions de faits qui sont laissées à l'appréciation de la justice.

§ III. CONDAMNATION DE L'UN DES ÉPOUX A UNE PEINE INFAMANTE. — 98. « Forcer un époux à vivre avec un infâme, disait Treilhard, ce serait renouveler le supplice d'un cadavre attaché à un corps vivant! » C'est déjà trop pour lui de porter le nom du condamné et de subir par là les humiliations que les préjugés sociaux lui réservent dans le monde! — Il s'agit ici non d'accusation, mais de condamnation à une peine afflictive et infamante, comme les travaux forcés, la réclusion, ou simplement infamante, comme le bannissement et la dégradation civique. En outre, elle doit être définitive, c'est-à-dire, non susceptible d'être réformée légalement; si elle n'a pas été contradictoire, il faut, pour demander la séparation, que le délai de vingt ans accordé au contumax soit expiré, parce que alors il n'y a plus de réformation possible. Mais la révision est une voie trop extraordinaire pour que son éventualité puisse suspendre l'exercice du droit de l'époux innocent; si on l'admettait, il faudrait supprimer l'art. 232 C. N. Ni la grâce, ni la commutation de peine ne détruisent la flétrissure morale attachée à la condamnation : aussi laissent-elles entière la faculté d'obtenir la séparation de corps. Il en est autrement de l'amnistie et de la réhabilitation qui effacent la tache résultant de la condamnation.

Remarquons qu'avec le système du Code, « si un

misérable, dit M. Demolombe, est condamné pour vol à cinq années d'emprisonnement, sa femme ne pourra demander la séparation de corps. Elle le pourra, au contraire, si son mari est un juge qui a encouru la dégradation civique pour s'être immiscé, par un règlement quelconque, dans l'exercice du pouvoir législatif». Les rédacteurs semblent avoir perdu de vue que ce n'est pas la loi seule qui dispense l'infamie, mais encore l'opinion publique qui, dans l'espèce, flétrit beaucoup moins le magistrat dégradé que le voleur condamné à la prison.

CHAPITRE II

DES PERSONNES QUI PEUVENT DEMANDER LA SÉPARATION DE CORPS

99. Chacun des époux a le droit de la demander, et l'action est essentiellement personnelle, excepté dans le cas où il s'agit d'un conjoint interdit, car alors le tuteur ou, s'il le faut, le subrogé tuteur, devant prendre soin de l'infortuné, peut, avec l'autorisation du conseil de famille, provoquer une instance en séparation de corps. Cette autorisation est nécessaire, parce que la demande ne met pas en jeu des intérêts moins sérieux que ceux qui résultent, par exemple, d'une opposition au mariage de l'interdit, de la question de savoir si ce dernier doit être traité à son domicile ou placé dans une maison de santé, hypothèses dans lesquelles l'autorisation du conseil de famille doit avant tout être

obtenue. Les créanciers ne pourraient, se fondant sur l'art. 1166 C. N., intenter l'action en séparation de corps, eux qui ne peuvent même y intervenir, non plus que demander la séparation de biens : il est juste qu'ils ne s'immiscent point dans les secrets les plus intimes du ménage. De même, la séparation de corps ne saurait être provoquée par le ministère public qui, sous le prétexte de veiller au maintien de l'ordre social, se trouverait parfois exposé à troubler la tranquillité des familles.

100. Mais qu'arrivera-t-il si, pendant l'instance, l'un ou l'autre des époux vient à mourir? Alors l'action, n'ayant plus d'objet, s'éteint naturellement. C'est en vain qu'on objecterait qu'il y a des intérêts pécuniaires en jeu qui doivent, nonobstant le décès, être réglés ; car la demande en séparation de corps a pour but principal la cessation de la vie commune, résultat désormais impossible. Si, dans les art. 330 et 957 C. N., les héritiers peuvent continuer l'action en réclamation d'état, ou la demande en révocation d'une donation, pour cause d'ingratitude, c'est qu'ils auraient eu le droit d'intenter le procès eux-mêmes et que cette instance peut atteindre son but principal à leur profit. Il n'en est pas de même ici. Au reste, le divorce était impossible dans l'espèce, parce qu'il devait être prononcé par l'officier de l'état civil, en présence des époux; et ne serait-il pas scandaleux de voir des héritiers, des enfants, par exemple, accuser leur mère d'adultère, alors que la loi ne permet pas de les entendre comme témoins? Il pourra, il est vrai, y avoir une question de dépens à trancher : mais elle sera indépendante de l'ins-

tance en séparation et pourra être vidée, par les magistrats «d'après les éléments de la procédure, disent MM. Aubry et Rau, au moment où elle a été interrompue par la mort de l'un des époux, comme ils sont obligés de le faire en matière d'interdiction ou de nomination d'un conseil judiciaire, quand le défendeur vient à décéder dans le cours de l'instance. » (Cass., 3 févr., 1861; *a contr.*, Besançon, 28 juin 1869).

CHAPITRE III

DES FINS DE NON-RECEVOIR

101. Les unes sont communes aux deux conjoints, par exemple la réconciliation, la prescription; les autres sont particulières à la femme, comme le défaut d'autorisation et l'abandon de sa résidence provisoire.

102. La réconciliation est nécessairement une fin de non-recevoir contre la demande en séparation de corps, parce qu'il est de principe que chacun peut renoncer expressément ou tacitement à son droit et que l'injure ne survit pas au pardon. Mais elle ne peut s'appliquer qu'à des faits connus de l'époux clément, et surviendrait valablement même après l'introduction de l'instance. — Pourrait-elle être invoquée comme exception à une demande en séparation motivée par la condamnation infamante de l'un des époux ? La négative est soutenue par ceux qui pensent que la séparation de corps est une conséquence légale de la condamnation, et qu'il n'y a

point de réconciliation possible là où il n'y a point de rupture, telle qu'il s'en trouve en cas d'adultère, d'excès, sévices ou injures graves. — Quant à nous, il nous semble que le mot «réconciliation» de l'art. 272 C. N. a un sens plus large et qu'il s'applique non-seulement à l'époux victime d'excès, etc., mais encore à celui dont le conjoint a subi une condamnation qui peut être injuste ou n'avoir rien de flétrissant et qui dès lors n'autorise pas l'abandon du malheureux qui l'a éprouvée. Les magistrats auront donc à voir, par l'ensemble des circonstances, s'il y a eu ou non renonciation au droit qu'a l'époux de demander la séparation de corps pour condamnation de l'autre à une peine infamante.

Il est difficile de préciser, dans quels cas il y a réconciliation; citons seulement, à titre d'exemples: le renvoi de la concubine qui avait donné lieu à la demande en séparation, la survenance d'un enfant pendant l'instance sur l'appel du jugement de séparation, quand il est établi que l'époque de la conception est postérieure aux causes de la demande faite par la femme. — Mais le désistement du mari qui avait formé contre sa femme une plainte en adultère, la grossesse de la femme, la cohabitation prolongée jusqu'au jour de la demande ne suffiraient pas à eux seuls pour que l'on pût invoquer une fin de non recevoir tirée d'une prétendue réconciliation.

Si l'époux coupable tombait dans de nouvelles fautes après la réconciliation, son conjoint pourrait intenter une action en séparation basée non-seulement sur les faits nouveaux, mais encore sur les torts qu'il avait pardonnés, alors même qu'ils seraient de nature différente. Ainsi des injures pourraient faire renaître des excès, et leur gravité serait d'autant plus grande qu'elles succéderaient à la concession d'un pardon.

103. Il n'y aurait pas violation du principe d'autorité de la chose jugée si, dans une instance ultérieure, on invoquait, outre des faits nouveaux, des motifs qui, à cause de leur peu de valeur ou fondement, n'avaient pas fait accepter une première demande en séparation de corps.

104. Les actions, tant réelles que personnelles, se prescrivent par trente années. Mais, dit l'article 2253 C. N., la prescription ne court pas entre époux, parce que, selon M. Bigot-Préameneu, «il serait contraire à la nature de la société du mariage que les droits de chacun ne fussent pas l'un à l'égard de l'autre respectés et conservés. L'union intime qui fait le bonheur est en même temps si nécessaire à à l'harmonie de la société, que toute occasion de la troubler est évitée par la loi.» Et la prescription doit être d'autant plus écartée, dans une instance en séparation de corps, qu'il s'agit précisément ici de remédier aux troubles du ménage et qu'il peut se trouver des circonstances de fait, comme une longue absence, qui ne permettent d'exercer l'action que plus de trente années après la cause qui y a donné lieu.

Après trois années, un époux ne peut plus se plaindre de l'adultère de son conjoint; mais, si la peine ne peut être appliquée, la séparation reste possible. Un mari, en effet, peut n'avoir pas voulu poursuivre correctionnellement sa femme adultère et cependant désirer l'éloigner de lui, pour son honneur et celui des siens.

105. La réciprocité des torts est, selon quelques auteurs, une fin de non-recevoir. Tel n'est pas notre avis. La séparation de corps est une institution d'ordre public ; elle doit être prononcée dès que la vie commune est devenue insupportable ; et ce n'est pas quand la réciprocité des torts ne fait qu'accroître la haine des deux conjoints, quand une double cause d'aversion les sépare, qu'on doit leur refuser le remède qu'ils demandent et qui peut éviter à la société le spectacle de nouveaux scandales. Si chacun d'eux a subi une condamnation infamante, il semble difficile, en présence de l'article 232 C. N., de ne pas appliquer le principe de la compensation et de donner gain de cause à l'un plutôt qu'à l'autre des deux époux condamnés ; et encore, dans ce cas, les tribunaux doivent-ils distinguer entre les différentes condamnations et n'admettre la compensation que pour celles qui s'équivalent. Mais dans les autres hypothèses, dans celles d'adultère, d'excès, sévices et injures graves, la réciprocité des torts ne peut faire tomber la demande en séparation. Il est vrai que, pour l'adultère, l'article 336 C. P. défend au mari de dénoncer celui de sa femme quand lui-même a entretenu une concubine dans la maison commune ; cependant, s'il ne peut se poser en accusateur, il doit pouvoir demander la séparation de corps qui n'a point pour but principal de faire condamner la femme, qui tend seulement à faire cesser la vie commune et que, d'ailleurs, le tribunal civil, jugeant correctionnellement, ne pourra faire suivre

de la condamnation de la femme adultère, parce que, dans le même cas, un tribunal correctionnel ne pourrait lui-même la prononcer.

106. Quant à la provocation, ce n'est pas une fin de non-recevoir, mais une circonstance qui peut modifier la culpabilité du défendeur, au point de la rendre assez légère pour faire rejeter la demande. Ce qui caractérise surtout la provocation, c'est, en général, la connexité et la simultanéité des faits, au lieu que, dans la compensation, les faits peuvent être indépendants les uns des autres.

107. La femme demanderesse en séparation doit, comme nous le verrons plus loin, se faire préalablement autoriser par le président, sinon le mari peut lui opposer une fin de non-recevoir basée sur ce défaut d'autorisation.

108. L'art. 269 C. N. permettait au mari de faire déclarer non-recevable en sa demande en divorce la femme qui aurait quitté la maison dans laquelle le tribunal l'aurait autorisée à se retirer. Devons-nous appliquer cette disposition à notre matière? —Non, disent les uns, parce que les demandes en divorce et en séparation de corps diffèrent essentiellement quant au but et à la procédure et que le législateur a pu se montrer plus rigoureux pour les premières que pour les secondes; parce que l'art. 269 C. N. est une règle exceptionnelle et que l'art. 307 C. N. porte que la demande en séparation doit être intentée, instruite et jugée comme toute autre action civile. —Ces raisons ne peuvent nous convaincre et nous préférons le système contraire, car les rédacteurs, favorisant plus le divorce que la sépara-

tion de corps, ne devaient pas permettre celle-ci dans un cas où ils faisaient tomber la demande en divorce. Et du reste, où serait la sanction de l'art. 878 C. Pr. qui autorise le président à désigner une résidence à la femme? Et n'est-ce pas surtout en matière de séparation de corps, où les époux peuvent un jour ou l'autre se rapprocher, qu'il importe au mari de savoir où réside sa femme, pendant l'instance, afin de mieux la surveiller et de s'éviter des soupçons qui accroîtraient les obstacles à leur réunion? Mais il va sans dire qu'en appliquant ici l'art. 269 C. N. les juges ont une faculté qu'ils peuvent ou non exercer, suivant les circonstances.

CHAPITRE IV

DE LA PROCÉDURE EN MATIÈRE DE SÉPARATION DE CORPS

109. « L'action en séparation de corps est une action ordinaire qui se poursuit comme toutes les autres,» disait l'orateur du gouvernement au Corps législatif; et s'il en était différemment pour le divorce, c'est que le lien conjugal devant être rompu, il fallait soumettre une action aussi importante à une procédure lente et hérissée de difficultés. Toutefois, l'action en séparation a quelques règles spéciales; le Code de procédure (art. 875 à 880) déroge en cela au droit commun.

§ I. Introduction de la demande. — 110. L'instance en séparation de corps doit être portée devant le tribunal civil, alors même que la faute de l'un des époux donnerait lieu à une poursuite criminelle. Le tribunal civil du domicile du mari est le seul compétent, et sa compétence subsiste, lorsqu'après la requête adressée au président et ses ordonnances de comparution des parties et d'autorisation pour la femme de quitter le domicile conjugal, le mari vient à changer de domicile; autrement, il appartiendrait au mari de créer à sa femme les plus grands embarras et d'éviter ainsi souvent une séparation de corps; de plus, après ces requête et ordonnances, l'introduction de la demande est opérée de telle sorte que les choses ne sont plus entières et qu'il importe que la femme en particulier bénéficie de la faculté de prendre une nouvelle résidence, faculté qui deviendrait illusoire, si le mari pouvait déplacer l'instance, en changeant de domicile et forcer sa femme à le suivre.

111. L'autorisation maritale n'est pas requise pour l'épouse qui veut obtenir sa séparation de corps: le mari la lui aurait le plus souvent refusée, pour ne pas prêter une arme qui se serait retournée contre lui-même.

112. Les tribunaux français sont-ils compétents pour connaître d'une action en séparation de corps entre étrangers? S'il s'agit d'étrangers autorisés à domicilier en France, comme ils jouissent de tous les droits civils et qu'ils ont un domicile, la compétence de nos tribunaux est certaine et la loi française leur sera appliquée. Si, au contraire, ces étrangers n'ont pas l'autorisation de domicilier en France. il faut distinguer, suivant que les deux conjoints

consentent ou non à se soumettre à la juridiction française. Dans le premier cas, ils pourront obtenir justice, lorsque la prétention du demandeur ne sera pas contraire à la loi étrangère qui régit l'état et la capacité des deux parties, alors même qu'elles sont en France. (Paris, 13 févr. 1858; 10 mars 1858; Metz, 26 juillet 1865). Dans le second, le défendeur peut décliner la compétence du tribunal français. Mais celui-ci ne pourrait d'office se déclarer incompétent. La mission des magistrats est de rendre la justice, sans exception de personnes, et c'est un droit pour tous de la solliciter et de l'obtenir, quand les prétentions ne sont pas contraires aux dispositions de notre Code, et qu'il ne s'agit pas de modifier l'état et la capacité des parties, dans un sens différent des règles de leur statut personnel. Si le défendeur propose l'incompétence du tribunal français, il devra le faire *in limine litis*, car « *ubi acceptum est semel judicium, ibi et finem accipere debet.* » (L. 30, D. *De judic.*)

113. L'époux qui veut se pourvoir en séparation de corps, doit adresser au président du tribunal de son domicile une requête contenant un exposé sommaire des faits sur lesquels il fonde sa demande. Le président rend alors une ordonnance de comparution des parties devant lui, à jour déterminé. Cette comparution a pour but de réconcilier les conjoints, si faire se peut. C'est là un préliminaire de conciliation, différent de celui qui a lieu devant le juge de paix et que la loi a exceptionnellement introduit, « parce que, disait M. Berlier, il faut, à raison de la gravité des circonstances, un magistrat plus éminent pour exercer le ministère de paix et de conciliation. »

Les époux doivent comparaître en personne, sans pouvoir être assistés, afin que leur esprit, délivré de toute influence étrangère, puisse plus facilement s'ouvrir aux observations bienveillantes du président. Si le demandeur ne se présente pas, il est présumé renoncer à son projet, à moins qu'un empêchement sérieux le retienne éloigné. En cas de maladie du demandeur, le magistrat devrait se transporter au domicile de celui-ci, sur sa requête et le certificat de deux docteurs en médecine ou en chirurgie, ou de deux officiers de santé. Si le défendeur fait défaut, sa mauvaise volonté ne saurait arrêter l'instance.

Quand le président n'a pas réussi dans sa tentative de conciliation, il peut la renouveler; mais il ne devrait pas s'opposer à ce que l'action fût intentée après un premier essai inutile. S'il échoue dans ses exhortations, il rend une seconde ordonnance portant qu'attendu qu'il n'a pu concilier les parties « il les renvoie, dit l'art. 878, C. Pr., à se pourvoir, sans citation préalable au bureau de conciliation. » Une virgule, placée mal à propos dans le texte officiel, après les mots « sans citation préalable » aurait pu faire croire que le président devait renvoyer les parties devant le juge de paix. Mais tel ne peut être le sens de la loi et l'on doit en conclure que cette virgule s'est glissée par erreur : le président ayant fait l'office de conciliateur, il serait bien superflu et bien contraire à la hiérarchie des pouvoirs judiciaires de tenter devant un juge de paix un nouvel essai de rapprochement entre les époux. — Cette ordonnance est signifiée à la requête de l'époux demandeur, à l'époux défendeur, avec assignation devant le tribunal pour voir prononcer la séparation de corps.

114. Ce mode de procéder doit être généralement suivi. Cependant, quand la demande en séparation de corps est faite par le tuteur d'un interdit, l'essai de conciliation devant le président est impossible, le tuteur ayant été autorisé par le conseil de famille non pas à favoriser un rapprochement entre l'interdit et son conjoint, mais à intenter l'action en séparation, et l'interdit se trouvant incapable de donner un consentement valable. — En second lieu, le préliminaire de conciliation n'est pas requis pour une demande reconventionnelle, dans une instance en séparation, car il est de règle que la demande principale est seule soumise au préliminaire et parce que les formalités contenues dans les art. 875 C. Pr. n'ont trait qu'à une demande unilatérale et qu'une fois ces formalités remplies pour la demande principale, on rentre dans le droit commun. Comment supposer d'ailleurs qu'après l'échec d'une première tentative de conciliation, les époux consentiront à se réunir alors que la demande reconventionnelle a dû les irriter davantage? (Paris, 10 mars 1864; 13 janvier et 23 février 1865.)

115. Quant à la question de savoir si ce préliminaire de conciliation doit avoir lieu alors que la demande est motivée par la condamnation de l'un des époux à une peine infamante, la difficulté est plus grande. Les uns appliquent ici l'art. 261 C. N., relatif au divorce et pensent qu'il suffit de présenter au tribunal une expédition de l'arrêt de condamnation avec un certificat de la cour d'assises consta-

tant qu'il ne peut plus être réformé. Quel résultat, en effet, peut-on espérer d'une entrevue entre les parties? Le défendeur aurait-il quelque chose à dire en sa faveur? Le plus souvent, du reste, il aura perdu sa liberté et ne pourra répondre à l'ordonnance de comparation. De plus, l'art. 261 C. N. a été introduit pour augmenter l'effet moral du châtiment de l'époux condamné, plutôt que par esprit de célérité et d'économie; or, cette interprétation de la volonté du législateur peut être appliquée aussi bien en matière de séparation de corps que pour le divorce (Dijon, 28 déc. 1864; 16 janv. 1867; Caen, 13 mai 1867; Bordeaux, 11 août 1868). — D'autres auteurs, tels que MM. Aubry et Rau, décident qu'il n'y a aucune raison de déroger aux art. 307 C. N. et 879 C. Pr. qui renferment un principe de droit commun. L'instance en séparation de corps emprunte, il est vrai, à l'instance en divorce quelques-unes de ses exceptions de droit commun, notamment en ce qui concerne le témoignage des parents; mais c'est qu'alors les deux instances suivent les mêmes voies. En outre, il est de règle qu'on doit difficilement appliquer à la matière de la séparation les articles relatifs au divorce qui renferment quelques dispositions pénales; or, si l'on donne ce caractère à l'art. 261 C. N., dont le but serait, suivant le système opposé, d'augmenter l'effet moral du châtiment du condamné, on ne saurait l'introduire dans notre matière sans violer une règle générale à laquelle les art. 307 C. N. et 879 C. Pr. ne permettent pas de déroger. Comment, d'ailleurs, supposer qu'un rapprochement ne serait pas possible entre les deux conjoints, alors, par exemple, qu'il s'agit pour l'un d'eux d'une condamnation à la dégradation civique, lorsque, comme maire, il a pris un arrêté tendant à intimer des ordres à un tribunal ? — Mais, dit-on, l'époux condamné aura le plus souvent perdu la liberté ! Nous venons de montrer que le contraire peut arriver et cela suffit pour qu'on n'applique point ici l'art. 261 C. N. qui présente un mode exorbitant de procédure. Enfin, c'est surtout quand le mariage ne doit pas être dissous, mais seulement relâché, c'est-à-dire quand tôt ou tard les époux peuvent se réunir, qu'il importe de ne pas accoître les obstacles à leur rapprochement, en augmentant particulièrement la haine du condamné qui se verrait, sans même avoir été écouté, abandonné par la seule personne qui lui doive et puisse lui faire espéres pitié et pardon !

116. Quand des faits allégués par l'époux demandeur peuvent donner lieu à une poursuite criminelle de la part du ministère public, l'instance en séparation doit être suspendue, comme l'était autrefois l'instance en divorce, parce que autrement cet époux augmenterait les charges qui pèsent sur l'accusé et se rendrait ainsi presque le complice de l'accusation et de la condamnation. Mais, après l'arrêt, l'instance peut être reprise.

117. La demande en séparation de corps ne doit pas, comme la demande en séparation de biens, être rendue publique, bien que celle-ci soit la conséquence forcée de l'autre. Elles diffèrent en effet de but, et admettre ici la publicité ce serait éloigner encore davantage les époux d'une réconciliation toujours désirable.

§ II. Mesures provisoires. — 118. La demande en séparation de corps suppose, dans le ménage, un malentendu qui ne permet pas aux époux de vivre ensemble et qui, partant, réclame une protection légale pour le conjoint victime de l'autre, pour les enfants à qui il faut un soutien, tandis que leurs parents sont divisés, pour l'intérêt pécuniaire de la famille qui pourrait se voir ruinée par les dilapidations d'un mari insouciant ou méchant. Il faut donc appliquer les articles 267 à 271 C. N. relatifs aux mesures provisoires, en cas de divorce.

119. *Mesures concernant les enfants.* — En principe, la garde des enfants appartient au mari; c'est une conséquence de son droit de puissance paternelle. Cependant le tribunal peut en ordonner autrement, sur la demande, soit de la mère, soit de la famille, soit du ministère public, pour le plus grand avantage des enfants. Les mesures qu'il prend sur ce point ne le lient pas, et il peut revenir sur sa décision pendant l'instance et même après le jugement.

120. *Mesures concernant les époux.* — Dans notre ancien droit, la femme ne pouvait quitter le domicile de son mari, pendant le procès de séparation [1]. «Le président, suivant l'article 878 C. Pr., autorisera la femme à se retirer provisoirement dans telle maison dont les parties seront convenues, ou qu'il indiquera d'office. Il ordonnera que les effets à l'usage journalier de la femme lui seront remis; les demandes en provision seront portées à l'audience.»

1. V. Brillon; Arrêts de Papon, XV, t. III, nº 21, 15 févr. 1492.

Ces dispositions s'appliquent quand la femme est demanderesse, comme lorsqu'elle est défenderesse; car, dans un cas comme dans l'autre, il pourrait y avoir danger à laisser les époux vivre sous le même toit. La loi ne dit pas dans quel lieu doit être fixée la résidence provisoire de la femme ; c'est une question de convenance laissée à l'appréciation du président.

Il peut même arriver que ce soit le mari et non la femme qui doive se retirer dans une autre maison, par exemple, quand la femme est commerçante et que la présence de son mari peut nuire à ses affaires.

Le président ordonne de faire remettre à la femme les effets qui sont à son usage journalier, c'est-à-dire, les hardes, et, suivant sa condition, les objets de toilette et les choses de luxe dont elle était habituée à se servir journellement pour elle-même.

Les demandes en provision ont pour but de fournir à la femme les moyens de vivre et de poursuivre l'instance en séparation de corps. Elles sont portées devant le tribunal et la provision est établie d'après la fortune du mari et les ressources de la femme. Mais si cette dernière quitte la résidence qui lui a été fixée, elle perd son droit à la pension alimentaire. Au reste, ces demandes peuvent être présentées non-seulement en première instance, mais encore en appel, et le mari, comme la femme, peut y recourir, car les époux se doivent mutuellement secours et assistance.

121. *Mesures relatives aux biens des époux.* — La femme commune en biens, demanderesse ou

défenderesse en divorce, pouvait, en tout état de cause, à partir de l'ordonnance mentionnée en l'art. 878 C. Pr., requérir pour la garantie de ses intérêts, l'apposition des scellés sur les effets mobiliers de la communauté. Cette disposition est trop favorable aux époux pour ne pas l'appliquer en matière de séparation, et il va sans dire que si la femme détenait les effets de la communauté, le mari aurait comme elle le droit de requérir l'apposition des scellés, dont la levée ne peut avoir lieu qu'en faisant inventaire avec prisée. — Pour exercer ce droit, il n'est pas besoin d'autorisation préalable; il s'agit, en effet, d'une mesure conservatoire dont tout le profit dépend de la célérité avec laquelle on l'exerce, et, dans l'espèce, il y a urgence à empêcher le mari ou la femme de faire disparaître les effets de la communauté. — La femme peut demander au tribunal à ce que les deniers communs soient remis à la caisse des dépôts et consignations, et, comme l'art. 869 C. Pr. permet à la femme de faire tous actes conservatoires de ses droits lorsqu'il s'agit d'une séparation de biens, elle doit pouvoir, dans une instance en séparation de corps, génératrice de séparation de biens, procéder à des saisies-arrêts sur les sommes dues à la communauté, à des oppositions à l'égard de ses propres débiteurs. Mais le tribunal ne pourrait ordonner le séquestre des biens communs, car l'art. 1961 C. N. ne l'autorise que dans trois cas, parmi lesquels ne se rencontre pas celui dont il s'agit, «puisqu'il n'existe ici aucun litige sur les biens.» L'art. 270 s'oppose d'ailleurs à ce que les biens de la communauté soient enlevés au mari pour être confiés à un tiers, puisqu'il en constitue le mari gardien judiciaire.

§ III. Instruction. — 122. D'après les art. 307 C. N. et 879 C. Pr., la demande en séparation de corps doit être instruite comme les autres actions civiles. Cependant, en nous référant au droit commun, nous rencontrerons quelques exceptions.

Il est évident que le tribunal peut rejeter immédiatement la demande en séparation, si elle n'est pas motivée par une cause légale; de même, il peut prononcer la séparation si le fait allégué est constant et de nature à la déterminer. — Le demandeur doit prouver les faits sur lesquels il se fonde, même quand le défendeur fait défaut, ou quand celui-ci comparaissant avoue les griefs qui lui sont reprochés; la séparation ne peut, en effet, avoir lieu par consentement mutuel. — Le serment décisoire ou supplétoire ne saurait être admis comme preuve; car le premier équivaut à une transaction qui ne serait pas possible ici, puisque la demande en séparation est une institution d'ordre public, dont l'issue ne peut être remise entre les mains des parties; et pour le second, les juges ne doivent pas l'autoriser alors que les parties ne peuvent se le déférer. Mais l'interrogatoire sur faits et articles, ne préjugeant rien et devant éclairer les magistrats, devrait être admis. — Les preuves les plus usitées dans notre matière sont les témoignages et les présomptions.

Quand une enquête sera ordonnée, on suivra les règles ordinaires tracées au Code de procédure. Cependant on dérogera au principe qui défend d'assigner comme témoins ou permet de reprocher les parents ou alliés en ligne collatérale jusqu'au degré de cousin issu de germain inclusivement et en outre les domestiques, parce que, dans un procès de séparation de corps, ces personnes sont plus à même que toutes autres d'éclairer les juges. Cette exception au droit commun s'appliquait au divorce (art. 251 C. N.) ; le législateur n'a pu vouloir la refuser dans l'instance en séparation, dont les formalités ne doivent pas être plus difficiles que celles qui étaient imposées en cas de divorce. Mais les enfants et descendants des conjoints ne sauraient être entendus. D'ailleurs, il faut, pour les témoins, admettre tous les autres reproches contenus en l'art. 283 C. Pr., auxquels l'art. 251 C. N. n'apporte point d'exception. — La demande en séparation met en jeu des intérêts trop sérieux pour qu'il puisse être procédé à une enquête sommaire faite à l'audience.

Après l'enquête, le demandeur peut présenter de nouveaux motifs à l'appui de sa prétention, peu importe que les faits invoqués soient ou non antérieurs à la demande. Mais si, dans la comparution devant le président, l'une des parties avait injurié l'autre, celle-ci ne pourrait s'en prévaloir pour demander la séparation ; la preuve en serait impossible puisque le président ne rédige pas de procès-verbal et que son rôle de conciliateur et de confident est incompatible avec le caractère de témoin.

Les présomptions graves, précises et concordantes peuvent servir ici de base à la décision du tribunal, dont le pouvoir, en ce cas, est assez difficile à déterminer. En général, la notoriété publique, formée le plus souvent de propos vagues et incohérents, ne devrait pas être considérée comme une présomption suffisante.

Les procès en séparation de corps intéressant l'ordre public et la morale, doivent être communiqués au ministère public.

§ IV. Jugement. — 123. Il n'y point de délai fatal dans lequel le jugement doit être rendu. D'un antre côté, l'art. 259 C. N., portant que, quand la demande avait eu lieu pour excès, sévices, injures graves, les juges pouvaient surseoir à leur décision et soumettre les époux à une épreuve durant un an, ne saurait recevoir d'application, dans notre hypothèse, parce que le jugement de séparation n'a pas la même conséquence irrévocable que celui qui prononçait le divorce, et que les époux peuvent ultérieurement se réconcilier. Toutefois, nous devons reconnaître qu'un sursis, de même qu'une séparation prononcée comme on le faisait autrefois pour un temps limité, pourraient amener parfois, le premier un abandon d'action et la seconde un rapprochement plus facile entre les conjoints. C'est en audience publique que doivent être jugées les affaires de séparation de corps ; cependant le tribunal pourrait ordonner le huis clos. Pour nous, qui croyons que les procès dans lesquels se débattent des questions de la nature de celles que suscite ordinairement toute demande en séparationde corps, ne sont presque toujours qu'une funeste école pour les mœurs sociales, qui se laissent plus facilement toucher par les exemples du vice que par ceux de la vertu, nous pensons que le huis clos devrait toujours être ordonné.

124. Si le jugement est rendu par défaut, il est

susceptible d'opposition. S'il est contradictoire, l'appel est possible. L'affaire est alors jugée en audience ordinaire (Ordon. du 16 mai 1835), et non en audience solennelle, ainsi que l'avait prescrit l'art. 22 de la loi du 30 mars 1808 dans toute contestation relative à l'état civil des citoyens.

On peut, au reste, appliquer ici les règles générales concernant la péremption, l'acquiescement et le désistement. Sans doute quelques auteurs n'admettent pas que l'époux défendeur puisse acquiescer au jugement ou se désister de l'appel, parce que, suivant eux, toute séparation volontaire est nulle. Mais nous préférons suivre l'opinion contraire, « parce qu'il nous semble, ainsi que le disent MM. Aubry et Rau, que du moment que la séparation a été prononcée par un jugement, on ne peut plus dire qu'elle soit le résultat du consentement mutuel des époux, et que l'intérêt public se trouve suffisamment garanti par l'examen auquel s'est livré le juge de première instance. »

Le jugement de séparation de corps doit être publié et affiché, parce qu'il entraîne la séparation de biens et par conséquent un changement dans les conventions matrimoniales, qu'il importe au plus haut point que les tiers connaissent.

En matière de divorce, le pourvoi contre l'arrêt était suspensif, parce qu'alors la dissolution du mariage étant complète, il fallait prévenir les complications qu'aurait fait naître une nouvelle union. Mais il n'en est pas ainsi pour la séparation de corps : le pourvoi en cassation n'est donc pas suspensif, et l'art. 307 C. N., peut être appliqué.

CHAPITRE V

DES EFFETS DE LA SÉPARATION DE CORPS

125. Ils sont relatifs aux rapports personnels des époux, à leurs biens et concernent également les enfants nés ou à naître. De là la division suivante : effets relatifs à la personne des époux; effets relatifs à la personne des enfants; effets relatifs aux biens.

§ I. EFFETS DE LA SÉPARATION DE CORPS RELATIFS A LA PERSONNE DES ÉPOUX. — 126. Le mari et la femme peuvent désormais avoir une habitation séparée. La femme peut même habiter à l'étranger, mais de manière à ce que les enfants, si elle en a la garde, ne soient pas trop éloignés de leur père. Conserve-t-elle pour domicile celui de son mari ? L'ancien droit admettait la négative et les rédacteurs ont dû s'y référer tacitement, en ne parlant pas des effets de la séparation relativement à l'état des conjoints. Et qu'on n'objecte pas la généralité des termes de l'art. 108 C. N. : «La femme mariée n'a point d'autre domicile que celui de son mari ;» car, lors de sa rédaction, le divorce était seul reconnu et l'on ne savait pas encore si l'on admettrait la séparation de corps. Comment, du reste, laisser au mari la possibilité de détourner les citations adressées à son domicile pour sa femme ? Ne serait-ce pas exposer celle-ci à la vengeance maritale ? — Mais, dit-on, la personne protégée doit avoir le même domicile que son protecteur ! Alors le mineur émancipé devrait avoir le même domicile que son curateur ; pourquoi ne pas étendre à la femme séparée de corps l'exception introduite pour le mineur émancipé ? Disons donc que la femme peut, après la séparation, avoir un autre domicile que celui de son mari.

127. La séparation de corps décharge les époux de l'obligation de se prêter assistance, mais laisse subsister le devoir de fidélité et de secours, puisque le mariage n'est pas dissous. Toutefois le mari ne peut plus être condamné pour adultère, car il n'y a plus de maison commune où il puisse entretenir une concubine.

La femme séparée a encore besoin de l'autorisation maritale pour les actes qui sont en dehors de son droit d'administration, par exemple, pour ester en justice, aliéner, hypothéquer.

§ II. Effets de la séparation de corps relatifs a la personne des enfants. — 128. Le principe d'autorité paternelle ne s'oppose pas à ce que le tribunal prononce sur la garde des enfants après la séparation de corps et s'il y a lieu, la retire au mari contre lequel celle-ci a été prononcée. Le père conserve dans ce cas son droit de surveillance sur l'éducation de ses enfants. L'art. 302 C. N. exige une demande de la famille ou du ministère public pour que le tribunal statue sur la garde des enfants ; autrement, elle reste au mari en vertu de l'art. 373. Cette garde peut être confiée à un tiers ; mais alors les père et mère ont toujours le droit de surveiller l'entretien et l'éducation de leurs enfants.

L'usufruit légal était perdu pour l'époux contre

lequel le divorce avait été prononcé. Il n'en est pas ainsi dans notre matière, parce que les peines ne peuvent s'étendre d'un cas à un autre, parce que la séparation de corps est moins funeste aux enfants que le divorce et qu'on ne peut raisonner *a pari*, enfin, parce que ce serait empêcher une réconcilia- en faisant produire à la séparation un effet perpétuel, l'époux n'ayant aucun moyen de recouvrer l'usufruit légal qu'il aurait perdu. — Si les enfants sont confiés à un tiers, le père conserve en principe l'administration de leurs biens : il n'y a ici aucune raison de déroger au principe contenu dans l'art. 389 C. N.

129. Sous l'empire du Code Napoléon, la présomption de paternité subsistait malgré la séparation de corps, qui cependant entraîne une impossibilité physique de cohabitation, et forçait le mari à regarder comme siens des enfants nés alors qu'il était depuis de longues années peut-être éloigné de sa femme. Il pouvait, il est vrai, désavouer l'enfant en cas d'adultère et de recel ; mais si la femme lui notifiait son accouchement, il devait subir sa malheureuse paternité : c'était scandaleux! Aussi une loi du 6 décembre 1850, due à l'initiative de M. Demante, fait tomber cette présomption de paternité, après la séparation de corps, devant le désaveu du mari, quand il est fait dans les deux mois depuis que la naissance lui est connue. Ses adversaires doivent prouver qu'il y a eu réunion de fait se rapportant à l'époque légale de la conception. «Le désaveu du mari, disait M. Demante, fait dans les délais et les formes voulus, ne doit être soumis à aucune justification autre que celle de

l'existence de la séparation ou de l'instance en séparation de corps au temps de la conception de l'enfant. »

§ III. Effets de la séparation de corps relatifs aux biens. — 138. La séparation de corps mettant fin à la communauté d'existence, doit aussi faire cesser la communauté de biens, et si les époux se trouvent mariés sous un autre régime que celui de la communauté, elle oblige le mari de rendre à sa femme ceux de ses biens dont il avait la jouissance et l'administration. La femme, dès lors, devient capable de faire tous actes ressortissant de cette administration.

131. La séparation de biens résultant de la séparation de corps rétroagit-elle au jour de la demande? Certains auteurs admettent l'affirmative, se fondant sur l'article 1445 C. N. : «Le jugement qui prononce la séparation de biens, remonte, quant à ses effets, au jour de la demande.» C'est, disent-ils, une application du principe général sur la rétroactivité des jugements. Le demandeur qui triomphe doit être placé dans la situation où il serait si le jugement avait été immédiatement rendu. — Les partisans de la négative écartent l'article 1445 comme étranger à la matière, puisqu'il ne vise que le cas de demande en séparation de biens principale, qui réclame que l'on protége au plus tôt la fortune compromise de la femme, et puisqu'alors la demande est soumise à des mesures de publicité qui ne se rencontrent point ici. Pourquoi, dit-on, appliquer le principe de rétroactivité des jugements? Celle-ci est une exception, d'après la nature des choses qui ne peuvent

être connues qu'avec le temps; elle existe pour la séparation de biens principale; aucun texte ne l'admet pour l'autre. En n'admettant pas la rétroactivité, on sert bien mieux les intérêts de la femme qui peut, dès lors, suivant la bonne ou mauvaise administration de son mari, demander ou non la séparation de biens. — Un système intermédiaire nous semble préférable, et nous ne voyons pas pourquoi l'on n'admettrait pas la rétroactivité de la séparation de biens relativement aux époux et la non-rétroactivité en ce qui concerne les tiers. Ce serait, d'une part, l'application du principe général que tout jugement rétroagit au jour de la demande et ici, plus que jamais, puisqu'il faut empêcher le mari, demandeur ou défendeur, de tenter, — quand ce ne serait que pour se venger des désordres de sa femme, ou de la demande qu'elle aurait faite, — la ruine de la communauté de biens, lorsque la communauté d'existence est brisée, et puisqu'il est naturel de permettre alors à la femme de faire, pour son compte, des actes valables d'administration ; ce serait, d'autre part, se référer à l'article 1445 C.N. qui ne prononce, à l'égard des tiers, la rétroactivité de la séparation de biens que quand la demande elle-même a été rendue publique, ce qui ne se rencontre pas dans une demande en séparation de biens accessoire d'une séparation de corps. Pour les tiers donc, la séparation de biens ne peut leur être opposée qu'à partir de la publicité du jugement de séparation de corps. — Suivant l'article 271 C. N., toute obligation contractée par le mari à la charge de la communauté, toute aliénation par lui faite des immeubles ou des meubles qui en dépendent, postérieurement à l'ordonnance de comparution devant le président, sera déclarée nulle, s'il est prouvé qu'elle ait été faite ou contractée en fraude des droits de la femme, sans qu'il y ait à distinguer entre les actes à titre gratuit et les actes à titre onéreux. Le mari conserve donc, à l'égard des tiers, jusqu'au jugement, son droit d'administration de la communauté; la loi ne lui demande que la bonne foi dans ses opérations; elle veut seulement déjouer la fraude. Au surplus, la femme qui veut se garantir immédiatement contre les malversations de son mari, peut intenter, avec les formes voulues, une demande en séparation de biens principale, sans préjudice de sa demande en séparation de corps.

132. L'époux qui a obtenu la séparation de corps conserve son droit au préciput en cas de survie; si c'est la femme, la somme ou la chose qui constitue le préciput reste toujours provisoirement au mari, à la charge de donner caution. Mais quand la séparation est prononcée contre l'époux préciputaire, le droit au préciput est éteint: celui qui oublie ses devoirs d'époux n'est pas digne de garder les avantages qui lui sont faits. — Cette raison devrait également faire révoquer de plein droit les donations entre époux, comme cela avait lieu en matière de divorce (art. 293). Mais la loi ne s'étant expliquée qu'au cas de préciput, il n'est pas permis d'étendre de la matière du divorce à celle de la séparation de corps une telle pénalité au cas de donations entre époux, bien qu'on regarde la séparation de corps comme «le divorce des catholiques.» Elles ne seront donc pas révoquées de plein droit; mais si l'ingratitude ressort clairement des faits reprochés à l'é-

poux donataire, le tribunal pourra prononcer la révocation dans son jugement de séparation, et l'époux donateur, ainsi que ses héritiers, pourront eux-mêmes la demander, conformément aux articles 955, 956 et 957 C. N., ainsi que cela se faisait dans l'ancien droit[1]. (*A Contr.*, Cass., 25 mai 1845, Paris, 20 août 1862.) — Mais, objecte-t-on, les donations en faveur de mariage ne sont pas révocables pour cause d'ingratitude! — Aussi n'admettons-nous pas cette révocation dans le cas où il s'agit de donation faite par un tiers, à un époux, en faveur du mariage, c'est-à-dire faite dans l'intérêt de l'époux et des enfants; mais seulement quand la donation a été faite par un conjoint à l'autre, afin que l'impunité ne résulte pas d'un acte doublement blâmable par la qualité d'époux et de donataire de celui qui l'a commis.

133. La séparation de corps ne dissolvant pas le mariage, laisse subsister entre les conjoints le droit de successibilité réciproque établi par l'article 767 C. N.

CHAPITRE VI

DE LA CESSATION DE LA SÉPARATION DE CORPS

134. La séparation de corps ne cesse que par la volonté expresse ou tacite des époux. Le jugement de séparation étant pour eux un contrat judiciaire, ne

1. V. Pothier, *Contr. de mar.*, 527; Despeisses, XV, p. 23; Denizart, *V° Sép. de corps*, 76, et *V° Rév. des don.*, 13; Duplessis, I, p. 560.

peut-être anéanti sans la participation des deux contractants. Quant aux faits qui peuvent être considérés comme une preuve de réconciliation, ils sont laissés à l'appréciation des magistrats.

135. En reprenant la vie commune, les époux rentrent dans tous les droits et obligations nés de leur mariage. Mais si la garde des enfants a été confiée à un tiers, celui-ci peut ne consentir à les remettre aux parents qu'après y avoir été autorisé par la justice.

136. Dans l'ancien droit, il y avait controverse sur la question de savoir si la réconciliation faisait revivre de plein droit la communauté de biens. Aujourd'hui, celle-ci ne peut être rétablie que du consentement des parties manifesté dans un acte passé devant notaire et avec minute. Bien que l'art. 1451 C. N., renfermant cette disposition, ne parle que de la communauté, il est certain que si les époux avaient primitivement adopté un autre régime, ils pourraient, fussent-ils mineurs, le reprendre après leur réconciliation, en ayant soin de ne rien modifier aux dispositions contenues dans leur contrat de mariage; cependant la seule déclaration des époux qu'ils reprennent leur régime primitif de mariage ne saurait faire revivre les donations qui auraient été révoquées.

137. L'époux qui s'est réconcilié avec son conjoint et a repris la vie commune peut, s'il y a lieu, former une nouvelle demande en séparation de corps basée, non-seulement sur des causes nouvelles, mais encore sur les anciennes.

TABLE DES MATIÈRES.

Strasbourg, typographie d'Éd. Huder, rue Brûlée, 12.

Printed in Dunstable, United Kingdom

91220046R00097